# 文明的见证

畅海桦　著

科学出版社

北京

## 内 容 简 介

本书以大量的文物资料佐证了中华古文明的起源和发展，从旧石器时代早期的西侯度石斧、用火现象到先秦冶铁技术，无一不是中华先祖智慧的结晶。本书把考古资料和文献资料结合起来，可读性强，是研究中华古文明的一把开门钥匙。

本书适合于考古初学者和考古爱好者阅读、参考。

**图书在版编目（CIP）数据**

文明的见证 / 畅海桦著 . —北京：科学出版社，2010.10
ISBN 978-7-03-029112-7

Ⅰ.①文… Ⅱ.①畅… Ⅲ.①文化史–研究–山西省 Ⅳ.①K292.5

中国版本图书馆 CIP 数据核字（2010）第 189225 号

责任编辑：宋小军　杨明远 / 责任校对：张怡君
责任印制：赵德静 / 封面设计：谭　硕

**科 学 出 版 社** 出版
北京东黄城根北街 16 号
邮政编码：100717
http://www.sciencep.com
**中国科学院印刷厂** 印刷
科学出版社发行　各地新华书店经销

＊

2010 年 10 月第 一 版　　开本：B5（720×1000）
2010 年 10 月第一次印刷　　印张：13 1/2
印数：1—3 000　　　　　　字数：240 000

定价：**36. 00** 元
（如有印装质量问题，我社负责调换）

# 序

与畅海桦认识十多年了，感情不一般。由于我是个考古工作者，他在山西师范大学历史与旅游文化学院讲授考古学课程，每次见面总是毕恭毕敬地称呼我为"老师"，其实我也就是给他上过几节研究生的课，好在他身边有张有智、徐跃勤、杨秋梅、张焕君等诸位多年来一直从事晋学和晋文化研究，并且取得了引人瞩目成绩的老师和兄长们，带动着他不断进步成长，现已成为学院里教师队伍中的中坚力量。

直到去年9月，我才正式指导他做《晋学四大特征》的论文，针对他知识积累特点而有意识地安排他在考古学上做了些初步的研究，论文发表在当年12月15日的《光明日报》上，这标志着他在学术上真正走向所研究领域的前沿。也就是从那时起，写一本向历史学界和整个社会介绍关于山西考古学成就，重点是晋学和晋文化的研究成果，类似于物质文明和文化史的著作，已纳入我们的讨论范围。我给他开出的必读书目，不能说全部至少说是重要的著作和文章，是这本《文明的见证》完成的基础；也曾经多次和张有智教授谈到通过写文章、出专著使畅海桦尽快成长为一位有一定研究能力和水平的学者，肩负起研究晋学的重任，避免走弯路，沾染上时下学术界的不良风气。

2009 年 12 月 24 日是西方的平安夜，我对他们的节日除颇具人性的情人节外统统不感兴趣。但当时我正在参加临汾市全国第三次文物普查的工作，因审核文本的需要集中住在临汾城南，繁忙的工作之余参加了张有智、张焕君、畅海桦在场的"年夜饭"。席间再次谈起畅海桦这本书的事，都是老朋友，纷纷献计献策，最后大家同意了我的意见，书名为《文明的见证》。在座的人都催促畅海桦赶紧写出来，因为他已经精心准备了一段时间了。

为什么要选择山西考古文物与文明这一课题？这就牵扯到长期以来考古人常常将自己考古材料束之高阁而自鸣得意，而且将考古成果变成了孤芳自赏的产物，自绝于社会科学界甚至是学术界之外，因此落下了自言自语的可悲局面。好在这一现象二十多年前已被学界智者苏秉琦先生所认识到，提出考古学的大众化理念。在他的推动下，形成"考古科普"和"文物科普"的共识，这就是近几年在全国各地屡次展开的"公众考古"和"公众考古热"的缘起。与之同时张忠培先生提出考古既要搞"文"，也要搞"史"，这里的"文"是文化，"史"是历史，就是要将考古融入广大人民群众之中，才能提高人民群众保护文物的积极性，使文物保护能得到坚实的、广泛的社会支持，才能有可持续发展的生存土壤。

中国自古以来就有"文史一家"的优良传统，如尧天舜日、宾至如归、掩耳盗铃、围魏救赵等我们今天常用的成语（文化），都反映了发生在山西的一段古代历史故事。考古学既然是文化和历史的研究，也要自觉地投入到"文史一家"的队伍中去。不过，这里的"文"是考古学所能反映的文化，"史"是考古学研究所能涉及的历史。第一步就需要普及考古知识和已经为考古学家所定论的成果。

这里所说的普及考古知识和已经为考古学家所定论的成果，是了解，是理解，是欣赏，是尊重，包括尊重考古（文物）工作者的劳动；去敬畏，敬畏祖先创造的优秀历史，而不是去实际操作，去具体研究。仅仅是这一点，在历史学界，也仅仅是少数人能够做到，还是与他们研究方向密切相关造成的。就是这一点，多数人还只是知道和传播一些过时的知识，贻误了学术研究的进一步发展。鉴于此，考虑到畅海桦从事教学工作和山西又急需要一本以反映山西考古文物与文明为主的著作，要求他不揣冒昧，及早完成以弥补没有这一题材所造成的损失。

到底是有备而写，冬去春来，一本13万多字的著作，就写好并摆在我面前；究竟是搞历史学的，同样一件古代文物、同样一处文化遗址，看问题的角度就同我有所不同。这不是坏事！我们的差异，可能就是所谓的"职业习惯"吧？说起来，日前读朋友的文集，其中有一句"习惯一经形成，判断就会失灵"，值得我们深思。畅海桦在书中的章节编排、文字处理，都令我耳目一新。尽管还有这样和那样的不足甚至在我看来是错误之处，但对于他本人和千千万万个有志于研究晋学、关心山西文物与文明史的人来说，这是一本难得的入门读物！

毋庸置疑，由于时间紧迫，山西考古文物与文明史的许多方面都没有反映出来，特别是近年来的新发现，如吉县柿子滩新发现10余处人类用火遗迹、上万件石制品动物化石、石磨盘、石磨棒和蚌质穿孔装饰品，并且一些老话题如夏县西阴村的蚕茧，解州的"池盐"，中条山的铜矿，周初分封唐叔虞于唐国时要求他使用夏历等。更重要的一点是，光顾介绍文物与文明史了，空缺了基本的考古文化面貌和历史发展概况，给不懂古史分期的阅读者带来不必要的麻烦。尽管如此，但我仍要说，从科普的角度出发，这是一本值得一读的好书。

尽管是好书，能不能好上加好？答案是肯定的。我希望，这本书只不过是他关于用文物见证文明的提纲，不久的将来还要修改出版第二版、第三版。希望他抓住这一重大研究课题不放，坚定不移地研究下去，必定有所收获，有所成就，使自己成为第一流的研究人才，也把晋学和晋文化的研究提升到一个新的层面上来！

受畅海桦下笔如流水的激励，他要我作序，不假思索便应承了下来。最后的希望，与其说是说给他，倒不如说是勉励我自己。权作序吧！

2010 年元宵节

田建文 于姑射居

# 前　言

　　"华夏文明看山西，山西文明看晋南"，这句话的意思是指华夏文明的起源在山西晋南。山西在华夏文明发展历程中，有着多姿多彩、灿烂辉煌的"表演"，山西文明是华夏文明的重要组成部分。从最早的 180 万年前的西侯度石斧文化，到 80 万年前的匼河三棱尖状器，再进入到旧石器中期 10 多万年前的丁村、许家窑石球文化，最后发展到旧石器时代晚期的峙峪复合工具、柿子滩岩画、下川细石器文化，旧石器时代序列完美地展现在世人面前。步入新石器时代后，山西所创造的农业先声——粟、石磨盘、天文观象台、成型的青铜铃、面积广大的陶寺城池等文明因素，无一不是代表了文明形成前的孕育阶段。进入文明社会后原始瓷器发明、铁器的使用、百花齐放的古建筑、晋文化的形成、三晋法家所形成的先进思想，这些都是先祖留给我们取之不尽、用之不竭的宝贵财富。

　　山西之所以能率先在华夏大地碰撞出文明的火花，出现文明的曙光，是和山西特殊的地理位置和环境分不开。山西地处华北西部黄土高原腹地，境内有山地、丘陵、高原、盆地等多种地貌类型。山脉延绵，丘陵起伏，沟壑纵横，雄险巍峨。境内有大小河流 1000 多条，大的河流有汾河、沁河、涑水河、三川河、昕水河、桑干河、滹沱河、漳河等。汾河最长，全长659公里，纵贯全省，是省内主要河流。山西东界太行山，西有吕梁山，北亘北岳恒山、五台山，南耸中条山，中立太岳山，山脉大致呈"多"字形在境内分布。中部由北而南分布有大同、忻州、太原、临汾、长治和运城等盆地。东有巍巍太行山作天然屏障，与河北省为邻；西、南以滔滔黄河为堑，与陕西省、河南省相望；北依绵绵长城，与内蒙古自治区毗连。山西又是一个夹峙在黄河中游峡谷和太行山之间的高原地带。《左传·僖公二十八年》记载，在晋楚"城濮之战"前，子犯曾对犹豫不决的晋文公说："若其不捷，表里山河，必无害也。"山西自此之后被称为"表里山河"之地。

山西的地理位置和独特的地势，自古成为兵家必争之地，是黄土高原与华北平原的天然分界，境边的黄河和境内的山脉互为表里，构成一道天然屏障，山西东部的太行八陉成为华北平原进入山西的天然通道，而北部的长城关隘是北方民族进入中原的必由之路。因此据有山西，即可凭山控水，进退攻守，因势乘便；保有山西即可"拊天下之背而扼其吭"[①]，立于不败之地。也正是因为如此，数千年以来，山西除了成为尧、舜、禹等帝王之都外，其余统一而强大的王朝如商、周、秦、汉、隋、唐、北宋、元、明、清等虽不曾建都山西，其京师却无一远离山西周围。山西凭其"表里山河，称为完固"的地理优势，就一直处于"京师安危之所系"[②]的重要战略位置。

独特的地理位置和特殊的地貌使山西成为人类起源中心、华夏文明形成之地、晋文化发祥先驱。纵观山西文明进程，源远流长，影响深远。从旧石器时代发端，历经尧、舜、禹和夏、商、周数千年的演进，都留下了珍贵文化遗产；到晋国和三晋时期已经形成了特有的自身地域文化显著特征；秦汉以来，山西历史

---

① 顾祖禹《读史方舆纪要》。
② 冯宝志《三晋文化》。

文化的完整性、先进性和艺术性，使山西成为中国地方文化最有特色的地区之一。

人类文明历史从发现有可考的遗址和时间算起，就与山西有一定的联系。全国旧石器早期遗址山西就占到四分之三，山西仅旧石器文化遗存就达300多处。

旧石器遗址中有180万年前的西侯度文化，是我国类猿人阶段文化遗存的典型代表之一。也是目前中国境内已知的最古老的一处旧石器时代遗址。在西侯度遗址中我们发现了石斧和用火遗物，说明西侯度人是世界上最早使用石片加工技术和最早用火的，这个发现把人类用火的历史推到距今180万年前。

我国旧石器中期最有价值的典型遗存是以山西襄汾丁村文化和阳高许家窑文化。丁村文化是旧石器时代早中晚期文化性质一脉相传的遗址群，也是继山西匼河文化而来，遗址发现的大量石器表明，10多万年前的丁村人较北京人的石器制作有了明显进步，人类在体质上也已发展到了一个新的阶段，代表着中国北方重要的石器文化传统。许家窑人是"北京人"的后裔，大约在10多万年前迁徙西行，遇"大同湖"相隔，遂在此定居。这一发现弥补了从"北京人"到"峙峪人"之间的空白。

山西旧石器晚期遗址分布更广，内容更加丰富。距今约2.8万至3万年前的峙峪人掌握了钻孔和磨制技术、发明了弓箭，开始了原始的雕刻艺术。从旧石器向新石器过渡时期的吉县柿子滩遗址上，有两处岩画被视为人类最早的艺术珍品。下川、薛关的细石器和塔水河、小站的小石器更是别具特色。

进入到新石器时代后，山西的文明发展更是以优异的成绩站在华夏文明发展史的前列。

首先是粟的培植，农业是文明之母，山西是世界上最早培植粟和高粱的地区，没有历史上的农业革命，就不会有文明的发生。农业发生最起码的条件，就是必须具备有良好的植物生长并可供农耕的环境。晋南有临汾、运城、长治三大盆地，盆地边壁是丘陵，有汾河、涑水河、沁河、浊漳河等主要河流纵横于其间，草地、沼泽错落其间，《元和郡县志》卷十九"阳城县"下引："墨子曰：舜渔于泽。"晋城古又名泽州，阳城古又名获泽，太岳山上有安泽，这说明在古代晋南湖泽众多，水资源比较丰富，利于渔耕。优越的生态格局，无疑成了人类早期最理想的家园。1984 年山西考古研究所在晋东南北部的武乡县石门乡牛鼻子湾征集到距今 8000 年前的磁山文化时期的石磨盘、石磨棒，足以说明这里农业的繁荣。

山西在新石器时代的文明发展虽说不一定是最早的，但却是较好的。特别是在新时期时代晚期更是出现了文明曙光。距今四五千年的陶寺遗址中，出土了庙堂礼器鼓和磬，太原义井出土了一音孔和二音孔陶埙，这些新石器时代的遗物发现，对研究人类历史的文明和发展，探索山西在中华文明历史进程中的作用和地位，具有重要意义。尤其是陶寺遗址的发掘，更是具有划时代的意义。该遗址是中国黄河中游地区以龙山文化陶寺类型为主的遗址，位于山西襄汾县陶寺村南，面积约 300 万平方米。在襄汾陶寺遗址中连续发掘出土了陶寺早、中期城址，宫殿区核心建筑，大墓的精美玉器、彩绘陶器等随葬品，及以观天授时为主并兼有祭祀功能的观象台，证实襄汾陶寺遗址为"唐尧帝都"，西晋皇甫谧说的"尧为天子，都平阳"当有所本。陶寺遗址中发现了农具和水井，说明当时的人们已经突破了水源的限制，农业活动范围更加扩大。陶寺墓中出土了含铜量近 98% 的铜铃形器一件，证明当时人已掌握了冶金技术；引人注目的是一件陶扁壶上发现了用毛笔书写的文字，结构与甲骨文十分相似，这是迄今为止所能看到的中国最早的毛笔朱书文字。陶寺文化向世界表明，当时已经萌生或正在形成象征着国家形态的礼乐制度和阶级差别，也说明华夏文明时代的到来在山西晋南地区有了明显的标志。

山西境内山河呈南北走向排列，导致山西自古就成为沟通中原和北方草原的一条天然通道，也使山西成了从新石器时代至今一万年间多民族在政治、经济、文化等各方面相互交流、融合的大舞台。新石器时代中晚期，关中的半坡文化经黄河、汾、渭三角洲直入山西后联合起源于晋南的西阴文化，浩浩荡荡向北进军，与南下的产生于燕山地区的红山文化在临汾盆地相碰撞，产生了文明的火花——陶寺文化，这是五千年华夏文明的曙光。

山西独特的地理位置，也造就了自古成为民族大熔炉。两周时期的晋国和四周犬牙相错的少数民族通过通婚、联盟、贸易等形式进行了民族大融合，晋悼公"魏绛和戎"开创了三晋时期赵国"胡服骑射"的先河；秦汉以来，实行和亲、通商的安抚政策，鼓励匈奴人到山西定居；两晋时民族融合的规模再次升级；"五胡乱华"客观上促进了民族大融合。

山西又地处黄土堆积深厚的黄土高原腹地，土壤疏松肥沃，能够给人类提供生活保障；山西的矿产资源也是非常丰富，有运城的"潞盐"，垣曲中条山的铜矿、襄汾及翼城县塔山的铁矿等。《汉书·地理志》记载"河东，土地平易，有盐铁之饶，本唐尧所居"。

西晋皇甫谧在《帝王世纪》中指出"尧都平阳，舜都蒲坂，禹都安邑"，他们之所以在晋南建都，除了看中的是这块土地上五谷丰登外，再一个就是盐池。有了人类必需品的盐，就能进行贸易交换，从而获取大量财富。到了西周和春秋时期，盐成为晋国和周边国家进行贸易的重要商品。青铜"戎生编钟"铭文记载，在晋昭侯六年即公元前740年，晋国商人戎生带了一千辆车盐去湖北繁阳换"金"，这个"金"估计是铅、锡一类的铸造青铜器的原料。接着，晋献公从赤狄手里夺取了盛产铜矿的中条山，铸造了风靡中原的"晋式铜器"，奠定了晋国成为春秋五霸的物质基础，在侯马发现的铸铜作坊便是铁证。

在当时晋国中心区域的襄汾、翼城一带有储量巨大的铁矿，当铸造铜器的熔炉温度不断提高到能够溶化铁矿时，铁器便应运而生了。春秋时期的晋国是最早生产铁器的国家，范宣子铸刑鼎、侯马东周墓中出土的铁带钩、铁针都是有力的证明。秦以后至今，山西生产的盐、铜、铁等，还在中华民族的历史中发挥着不可估量的作用。

肥沃的土地、丰富的资源、民族大熔炉使得山西成为文化最活跃的地区之一。春秋时期晋国变革先起，首先是政治上的洗礼，晋国率先举起了革除旧礼的大旗，春秋初年的"曲沃代翼"，打破了嫡长继承的宗法礼制，晋献公时的"诛灭公族"摧毁了血缘宗法系统；其次是经济上取消旧的公田制，废除劳役税，采取了按亩征收的实物税，宗法制度下的经济基础被瓦解；再次，在人事上"奖励军功"，不仅"庶人工商"可以入仕做官，而且"人臣、隶圉免"① 也可除去奴隶身份，这就意味着，国家人事的安排只看有没有功绩，而不论身份、地位和血缘关系，这样造就了一批凭实力和能力组织起来的社会团体。

伴随着这场大变革，法治思想在三晋大地异军突起。形成了"天下法家三晋出"② 的局面。从历史角度看，当时的法家代表了先进的社会生产力的要求和先进文化的前进方向。战国初年，魏国率先变法，政治上推行"食有劳而禄有功，使有能而赏必行，罚必当"③ 的吏治之道。经济上全面执行"尽地力之教"和"善平籴"④ 政策，旨在解放生产力，打击投机商。实行主持变法的李悝，把实践升华为理论，编纂了中国古代第一部法典《法经》，把魏国法治措施推向新的高峰。继而韩国任用申不害，对内"修政教"，对外"应诸侯"，使韩国发展到了"国治兵强，无侵韩者"⑤ 的强盛局面。赵国的"胡服骑射"更是一场推陈出新、破除旧制的革命行动。

随着法治理论和实践成功，晋之法治思想向周边延伸和移植，吴起奔楚国主持变法，使楚"南平百越，北并陈蔡，却三晋，西伐秦"，"诸侯患楚之强"⑥。

---

① 《左传·哀公二年》。
② 张有智《先秦三晋地区的社会与法家研究》。
③ 刘向《说苑》。
④ 班固《汉书·食货志上》。
⑤ 司马迁《史记·老庄申韩列传》。
⑥ 司马迁《史记·吴赵列传》。

商鞅带着李悝的《法经》出走秦国，由此"革法明教，而秦人大治"①，商鞅也成为晋文化向秦文化移植的第一使者。秦统一中国前夕，韩非子的法治学说又被秦所用。韩非认为，一个国家要强大必须严明法治，强调"法不阿贵"、"刑过不避大臣，赏善不遗匹夫"②。他还提出了君主专制中央集权的理论，要起用经过实践锻炼的有能力的官吏。韩非也因此成为三晋法家文化向秦文化移植的终结者。

继夏、商、西周以盐贸易之后，春秋时期的晋国采取宽裕的"工商食官"政策扶持商业发展，促使商业繁荣。明清之际的晋商更是利用山西得天独厚的地理位置，发展商业贸易，并开辟了一条以山西、河北为枢纽，北越长城，贯穿蒙古戈壁大沙漠，进而深入西伯利亚，又达欧洲腹地的国际商路，这是继我国古代丝绸之路衰落之后兴起的又一条陆上国际商路。也由于这些因素促成了山西成为金属货币和票号的策源地。我们目前所知道最早金属货币见于文献记载的是《国语·周语》："周景王二十一年，将铸大钱。"此时为公元前 524 年。这只是文献上的记载，而 1990 年天马—曲村遗址发现了 2 枚迄今最大的空首布，不晚于春秋晚期即晋国迁都新田的公元前 585 年。秦始皇统一货币后一直通行圆形方孔金属货币，只是北宋时出现了纸质货币"交子"，但为适应国内外贸易的发展而产生的"票号"是在山西首先出现的，这就是嘉庆、道光年间山西的"日升昌"票号。曲殿元在《中国金融与汇兑》中说："山西票庄执中国金融界之牛耳，约百余年。"③

晋文化发展期是中华文明进程的重要时期。西周初年，周成王分封诸侯，叔虞受封唐地。从叔虞封唐到秦国统一天下的 800 余年，晋人的活动范围从最初河、汾之东"方百里"的地方，扩大到拥有山西全部、河南和河北的大半及内

---

① （西汉）桓宽《盐铁论·非鞅第七》。
② 韩非子《韩非子·有度》。
③ 畅海桦《晋学四大特征》，《光明时报》2009 年 12 月 15 日。

蒙古、陕西的一部分。"侯马盟书"的出土，正是晋国国力强盛的见证。太原发现的晋国赵卿墓中，出土了一件直径和高度都在1米多的大镬鼎，这是迄今为止我国发现的最大的春秋鼎。镬鼎的问世，表明了晋国当时是生产力最发达、经济实力最强盛的诸侯大国之一。

三家分晋不是晋文化的结束，而是晋文化的传播与扩张。秦汉以后，山西文明发展内容更加丰富，特色更加鲜明。

民族融合是山西文明发展史上的一个重要篇章。事实上，民族融合的过程，也是文化融合的过程，也是文明内容充实的过程。在这个过程中，山西地区的哲学、宗教、艺术大放异彩。稷山、侯马、新绛等地出土的一批宋金砖墓中，有大量戏剧舞台和模型，证明山西地区是中国戏曲的源泉活水。山西现存的古戏台近三千座，居全国之冠，反映出戏曲在山西的繁荣兴旺。山西以其悠久深厚的戏曲渊源、举世瞩目的戏曲大师、古朴珍美的戏曲文物以及宏浩繁多的戏曲剧种，而被冠之以"中国戏曲摇篮"。

山西古建筑具有鲜明艺术特色和高超文化欣赏价值。目前已被确认的金代之前木构建筑山西占到70%以上，中国现存结构完整的唐朝木构建筑大殿都在山西，文物和艺术价值弥足珍贵。宋以后各代，山西建筑艺术最为辉煌，留下了许多规模宏大、风格独特的建筑精品。如运城关帝庙、芮城永乐宫、临汾尧庙、霍州署大堂、洪洞广胜寺、应县木塔、大同善化寺和华严寺等。山西素有"中国古代建筑艺术宝库"的美誉，其古建筑保存数量十分丰富，文物价值、历史价值和科学价值很高，以其"时代早、价值高、数量多、品类全"而著称于世。宗教建筑、祠祀坛庙、宫殿衙署、石窟艺术、佛利古塔、民居建筑、古代城池等古建筑，星罗棋布，遍布全省各地。明、清两代以至民国的民居建筑随处可见，如襄汾丁村民居、沁水柳氏民居、汾西师家民居、祁县乔家大院、灵石王家大院、太谷曹家大院、榆次常家庄园、阳城皇城相府等，规模恢宏，建构精湛，堪称中国北方民居建筑的明珠。山西古建筑是人类文明发展史的重要内容。

壁画和石窟艺术也是山西一道独特风景线。山西现存高品质汉唐至明清的寺观墓葬壁画有二万多平方米，展现了中国古代不断丰富和发展的壁画艺术。北魏至明清的石窟寺多达三百余处，其中的云冈石窟、龙山石窟、天龙山石窟，艺术价值极高。而且大同云冈石窟规模最大，与敦煌石窟、龙门石窟并称中国"石窟三圣"，在世界上享有盛誉。

山西文明内容丰富，底蕴深厚，品质高雅，特色鲜明。具有强大的艺术生命力和特有的文化魅力。她的文明历史延续几千年而不断，先进思想流传几千年而不枯，艺术精华播撒千万年而不散，是中国优秀传统文化的成果结晶，是中华五千年文明历史中珍贵的艺术精华，是先祖赐给后人的取之不尽、用之不竭的宝贵财富。山西地区的历史演进，联系贯通了上下五千年的华夏文明，留下的 3.5 万处文物古迹，国保单位 119 处，居全国第一。因此，山西最有资格成为世人了解和欣赏华夏文明的"主题公园"。

历史对山西的眷顾与青睐，终于在这表里河山的黄土地上蕴积出一个亘古的辉煌。可以说，整个山西简直就是一部鲜活可读的中国通史，演奏的是一部博大雄浑的华夏文明交响曲。这一切足以使我们骄傲地向世人宣称："华夏文明看山西。"

山西文明在中国文明史上占有重要的位置，而文明的印证、发现是要依靠考古来完成的。考古的对象、内容和文物又有割裂不开的关系。文物能直接反映文明高低的程度。中国文物作为历史和文明的载体，凝聚着中华民族千百年来的智慧，标识着中华文明的发展进程。

文物包括遗物和遗迹。文字、城市和冶金术都属于文物的范畴，这三个要素是文明形成的典型要素，但这三个要素的产生不是一蹴而就的，文明有一个孕育、产生和发展、成熟的过程，在这个过程中的每一个文明因素都是组成山西、乃至华夏文明的重要成分。

撰写这本《文明的见证》一书的目的就是要解决考古、文物与文明之间的一些关系，用文物反映文明的发展历程，就是用山西的文物彰显山西的文明，激励炎黄子孙利用丰厚的文化资源了解华夏文明的辉煌。

这本书把山西先秦古文明分为文明的生成、滥觞、前夜、曙光、昭明等几部分，从时间上是以旧石器时代、新石器时代、先秦时代为线索安排的，从内容上是以每个时期的典型文物为内容撰写的。每一部分都具有山西文明发展史上的典型特征，这个特征的载体恰恰又是以文物的形式得以验证的。文明的生成主要说明文明形成的原因和标志；文明的滥觞主要说明在漫长的旧石器时期山西人对石、木、水、火的初步认识；文明的前夜主要说明山西人从对自然的攫取到运用大自然而进行的植物培植、动物驯化以及早期的宗教意识、人文意识；文明的曙光主要说明山西人通过百万年的进化终于从野蛮走向文明，文明形成的标志在这个时期完全出现；文明的昭明主要说明山西人在进入文明时代后所创造的物质和非物质文明。

文明的载体、文明的标志在不同的地域、不同的国家却不尽相同。中国的文明标志以文字、城市和冶金术为主，这三个因素在新石器时代晚期向阶级社会过渡时期的陶寺文化中全部出现。这三个因素在山西晋南的陶寺遗址中被全部囊括，其他省和地区也有城市发现，也有冶铜业出现，也有文字的发现，但却不是同一时间、同一地点、最早的发现。山西之所以出现文明的曙光也就是因为有翔实的文物资料来见证。

一件历史文物就是一个精美的世界。文物是历史文明的载体。我们就要通过文物，揭示它无声语言的奥秘，通过对它们所蕴含的历史、科学信息的分析介绍，以窥山西灿烂文明之一斑。

# 目　　录

序 …………………………………………………………………… (i)

前言 ………………………………………………………………… (v)

文物考古与文明 …………………………………………………… (1)

　·考古 ……………………………………………………………… (1)

　·文物 ……………………………………………………………… (5)

　·文明 ……………………………………………………………… (9)

　·考古和文物 …………………………………………………… (11)

　·文物和文明 …………………………………………………… (12)

　·文化和文明 …………………………………………………… (13)

　·考古和历史 …………………………………………………… (15)

　·文物和历史 …………………………………………………… (18)


文物考古与山西 …………………………………………………… (22)

　·范围 …………………………………………………………… (22)

　　·对象 ……………………………………………………（25）

　　·扩展 ……………………………………………………（27）

　　·成就 ……………………………………………………（29）

文明之生成 …………………………………………………（37）

　　·动因 ……………………………………………………（37）

　　·标志 ……………………………………………………（40）

　　·地位 ……………………………………………………（44）

文明之滥觞 …………………………………………………（48）

　　·木与石的传说 …………………………………………（48）

　　·圣火 ……………………………………………………（52）

　　·"三大"和"三小" ……………………………………（56）

　　·三颗牙齿 ………………………………………………（59）

　　·国画 ……………………………………………………（62）

　　·石球 ……………………………………………………（66）

　　·项链 ……………………………………………………（68）

　　·猎马人 …………………………………………………（72）

文明之前夜 …………………………………………………（75）

　　·枣园的陶器 ……………………………………………（75）

　　·磨盘和粮仓 ……………………………………………（79）

　　·美石和玉 ………………………………………………（82）

　　·陶纺轮 …………………………………………………（86）

　　·瓮的特殊用途 …………………………………………（90）

　　·木与土的结合 …………………………………………（93）

　　·尖底瓶 …………………………………………………（97）

**文明之曙光** ·············· （101）

· 陶扁壶和文字 ·············· （101）

· 磬和鼓 ·············· （105）

· 观象台 ·············· （108）

· 陶寺古城 ·············· （113）

· 龙盘 ·············· （117）

· 漆绘游标圭尺 ·············· （121）

· 铜铃 ·············· （125）

**文明之昭明** ·············· （130）

· 东下冯的瓷 ·············· （130）

· 千年之谜 ·············· （135）

· 积石积炭墓 ·············· （137）

· 布和商业 ·············· （141）

· 侯马盟书 ·············· （145）

· 晋都新田 ·············· （151）

· 晋国瑞玉 ·············· （157）

· 编钟 ·············· （162）

· 车马坑 ·············· （167）

· 鼎 ·············· （171）

· 簋 ·············· （175）

· 鸟尊 ·············· （177）

· 手工业 ·············· （181）

· 铁铧犁 ·············· （189）

**后记** ·············· （192）

目

录

# 文物考古与文明

　　考古是一门新兴的学科，属于人文科学，到近代发展成为广义的历史科学的重要组成部分。考古和文物之间存在着千丝万缕的关系，文物离不开考古，文物离开考古就成了瞎子摸象——不知全貌，考古也不能脱离文物，考古离开文物就成为无的放矢，成了无本之源。文物又是文明的载体、文明的表现形式，文物是反映一个民族文明发展历史的一面镜子。离开文物谈文明又成了井中捞月——忙得不亦乐乎却一无所得。过去有一句话，"华夏文明看山西，山西文明看晋南"，是说山西的文明史就是中华民族的文明史，而山西的文明发祥地就在晋南。因而在探究我们中华文明史的时候就不得不先了解一些山西的考古和文物，了解山西文明对中国文明的贡献。

## ● 考古

　　所谓的考古也称为考古学，那么什么是考古学呢？即考古学的定义是什么呢？在中国本没有考古一词。考古发祥于欧洲，以后才普及到世界各国。考古在欧洲文艺复兴时期澎勃兴起，初步建立起古文字学、古文书学、考古学、钱币学、印章学、年代学等一系列辅助学科；17世纪的时候欧洲文字中的"考古"一词，泛指对古物和古迹的研究；到了18世纪，考古又是指对含有美术价值的古物和古迹的研究；19世纪后，才泛指对一切古物和古迹的研究①。

中国汉文中"考古"虽是近代从欧洲文字翻译过来的。但在中国古代却有着和考古相似的事例。

我们目前能看到的关于中国考古的事情最早发生在春秋时期。《国语·鲁语下》中记载："吴伐越，堕会稽，获骨焉，节专车。吴子使来好聘，……客执骨而问曰：'敢问骨何为大？'仲尼曰：'丘闻之：昔禹致群神于会稽之山，防风氏后至，禹杀而戮之，其骨节专车，此为大矣。'"②孔子说的当然不对，我们现在推测那根骨头应该是属于大象一类动物的。但是其中有一点道理是对的，这是古代以前的东西。这说明在春秋战国时期人们的心目当中，就知道埋在地下的东西，它的历史是很悠久的。

汉代时也有研究古学的，但那时的古学和现在讲的也不一样。《后汉书》中说桓谭"能文章，尤好古学"③；郑兴"好古博物"④。这里所谓的"古学"是专指研究古文经学，实际也包括古文字学。

当时在汉代也常常有古物出土。汉宣帝时，"好古文"的张敞曾考释过"尸臣鼎"⑤，汉武帝时"汾阴巫锦为民祠魏睢后土营旁得鼎"⑥，有人在山西汾河南岸得到一个鼎，然后献给汉武帝，汉武帝特别高兴，认为这是祥瑞的征兆，于是就把年号改了，叫"元鼎"，可见汉代人对古物出土的重视程度。

---

① 张宏彦著：《中国考古学十八讲》，陕西人民出版社，2008年11月版，第1页。
② 左丘明撰、鲍思陶校点：《国语》，齐鲁书社，2005年5月版，第103页。
③ （宋）范晔：《后汉书》（上册），岳麓出版社，1994年04月第1版，第414页。
④ （宋）范晔：《后汉书》（上册），岳麓出版社，1994年04月第1版，第522页。
⑤ 张之桓著：《中国考古学通论》南京大学出版社，1999年2月版，第25页。
⑥ （宋）王益之著：《西汉年纪》，商务印书馆，1993年08月第1版，第279页。

北宋中叶，形成了一门学问叫"金石学"，其研究对象局限于古代的青铜器和石刻。贵族们都以收藏三代铜器、访求碑刻为时尚，出现了许多著录、研究铜器、碑刻的著作。如著名女词人李清照的丈夫赵明诚就写了一体书叫《金石录》。

到清代末叶，金石学的研究对象从铜器、石刻扩大到其他各种古物，所以有人主张将金石学改称为"古器物学"。

清末至"中华民国"时期的"古器物学"已接近于近代考古学，所以有人把欧洲文字中的"考古学"一词译为"古物学"。其实，中国的这种"古器物学"并不等同于考古学，是要经过系统化以后才可成为考古学。

新中国成立后，由文化部、中国科学院和北京大学联合举办考古工作人员训练班，对各地文物单位参加考古工作的人员进行了短期业务培训。同时，又在北京大学创办了考古专业，培养考古专门人才。在考古发掘和研究的实践中，各地的考古队伍日益健全起来。

中国考古事业走向繁荣的重要标志是1979年4月成立了中国考古学会，会员绝大多数是参加田野考古工作时间较长、业务水平相当于助理研究员和讲师以上的人员。

改革开放前中国考古发展的突出特点，是田野工作扩大到全国各地，基本消除了地域上的大片空白。通过一系列重要遗址和墓地的大规模发掘，田野考古的科学水平有了显著的提高。

这一时期中国考古工作集中在黄河流域和长江流域的一些地方，中国科学院考古研究所和黄河、长江流域的部分省级文物单位，对史前时期的半坡遗址、北首岭遗址、庙底沟遗址、大汶口墓地、屈家岭遗址、北阴阳营遗址，商周时期的二里头遗址、郑州商代遗址、丰镐遗址、洛阳东周城、侯马晋国都城，以及汉唐两京城址、元大都遗址和其他重要遗址，分别进行规模较大的发掘。

20世纪90年代起，中国考古进入到一个新的发展时期，各地进行的调查发掘学术目的性比较明确，几乎每个省都曾选择保存较好的史前遗址进行重点发掘。黄河流域所作重点发掘仍然较多，长江流域和华南地区也有多处遗址发掘，工作量最薄弱的西南边疆和北方沙漠草原地带，也都发掘过史前遗址。各地在此期间大面积发掘和勘察的重要遗址有：登封王城岗城堡、淮阳平粮台城堡、二里头宫殿遗址、偃师尸乡沟商城、黄陂盘龙城遗址、周原遗址、纪南城遗址、曲阜鲁城遗址、凤翔秦国宗庙遗址、居延烽燧遗址以及汉唐两京的某些遗址。此期间发掘了许多结构复杂、埋葬丰富的大型墓葬，例如随州曾侯乙墓、平山中山王墓、广州南越王墓、马王堆汉墓、满城汉墓以及范围很大的秦兵马俑坑等。改革开放后进行的重要考古发掘项目，数量之多，分布之广，工作规模之大，都是过去所无法比拟的。在此过程中中国的田野考古更加完善，达到较高的科学水平。在清理许多大型墓葬的过程中，妥善地处理了糟朽不堪的漆木器、丝织品、帛书、帛画，使之较好地保存下来；对于散乱的玉衣、铠甲、简牍，在清理过程中，特别注意各个零件的位置和相互关系，仔细观察和做好记录，以复原它们的整体。考古发掘还扩大到古代的矿场、铸铜和冶炼作坊、烧制砖瓦和陶瓷器的窑址以及造船工场、沉船、桥梁等。

以上这些情况说明，中国的考古学已经真正成为科学化的学术研究工作。广大考古工作者以历史唯物主义为理论基础，坚持实事求是的科学态度，利用新发现的大量考古资料，开展各种问题的深入研究，取得了一系列重要的学术成果，从而逐步建立起中国考古学的体系。

考古学有它充实的内容，周密的方法，系统的理论和明确的目标。虽然目前还没有一个被普遍确认的定义，然而在全世界范围内，学术界对考古学一词的理解是大致相同的。因此，我们从共同的理解出发，给考古学下了一个定义：

考古学是根据古代人类通过各种活动遗留下来的实物以研究人类古代社会历史的一门科学[①]。

---

① 孙英民著：《中国考古学通论》，河南大学出版社，2008年3月版，第3页。

## ● 文物

我们现在都知道古董就是文物，但有时我们却容易混淆，文物却不是古董。

文物的概念随时代的不同而在变化。

先秦时文物为礼乐、典章制度的统称。如《左传·桓公二年》记载："夫德，俭而有度，登降有数，文物以纪之，声明以发之；以临百官，百官于是乎戒惧而不敢易纪律。"[①] 这里的文物指的就是典章、制度。

唐代诗人杜牧在其《题宣州开元寺水阁》中有这么一句话："六朝文物草连空，天澹云闲今古同。"这里面所说的"文物"是指古代遗迹，其概念已较前有了发展。

宋代以后，随着金石学的发展，把青铜器和石刻等称为古物，将古代器物称为古董、骨董、古玩、古器物，这个称谓一直到现代依然存在。

近代随着考古学、博物馆学的兴起，古物的概念不断发展，内容不断扩大。

1930 年国民政府颁布的《古物保存法》规定，古物是指与考古学、历史学、古生物学及其他与文化有关的一切古物。这一定义，从其内涵上看已与现代意义的文物基本相同了，但从外延上看，还只包括可以移动的物品，不包括不可移动的物体。1935 年，北平政府编辑的《旧都文物略》使用了"文物"一词，并将古代建筑也列为文物。中华人民共和国成立以后，中央人民政府政务院以及后来的国务院颁发的一系列文物保护法规都沿袭文物一词。

1982 年公布的《中华人民共和国文物保护法》将"文物"一词确定为法律术语。《现代汉语词典》中称文物是："历史遗留下来的在文化发展史上有价值

---

① 杨伯峻著：《春秋左传注》，中华书局，1990 年 5 月版，第 89 页。

的东西，如建筑、碑刻、工具、武器、生活器皿和各种艺术品。"①

由以上简述我们从中得到如下信息：第一，文物是与人类社会历史发展相联系的，具有历史性；第二，文物是人类劳动创造的文化成果，它是凝结着人类的智慧与才能，具有艺术性或科学性；第三，文物是通过特定的物质载体体现一定的文化内涵，它是有形的文化财产，不包括无形的文化财产。以上三点体现了文物的三大价值即历史价值、艺术价值、科学价值。文物是历史的产物，因此，一切文物都具有历史价值。没有历史价值的物不能称其为文物。在具备历史价值的同时，有的文物还具有艺术价值或科学价值，或者同时具备三种价值②。

这样的话，我们就可以对文物做出一个定义——文物是人类社会活动中遗留下来的具有历史、艺术、科学价值的遗物和遗迹③。换句话讲，它是历史上物质文化和精神文化的遗存，具有历史、艺术、科学价值，是重要的文化遗产。

文物是历史文化遗存，它具有不可再生性。我国的文物依据其属性分别定为珍贵文物和一般文物，珍贵文物分为一、二、三级④。

一级文物是具有特别重要价值的代表性文物，也就是珍贵藏品，是中华人民共和国政府对中国历史上各时代重要实物、艺术品、文献、手稿、图书资料、代表性实物等可移动文物藏品中具有特别重要历史、艺术、科学价值的代表性文物的定级，是"珍贵文物"三个级别中之最高等级。

如晋侯温鼎（图1），通高40厘米，腹略鼓，附耳，卷尾鸟形扁足，足与鼎上部之间有一圆形托盘，盘底有3个十字形镂空，口沿下有一周3组相对的回首龙纹，器腹内壁铸有"晋侯作此鼎"5个铭文。此鼎是一件可以在托盘中加炭保

---

① 唐宾著：《现代汉语词典》，延边大学出版社，2006年3月版，第940页。
② 刘晓霞著：《文物保护法通论》，中国城市出版社，2005年12月第1版，第6页。
③ 李晓东著：《文物保护法概论》，学苑出版社，2002年11月第1版，第3页。
④ 王琦著：《文物鉴定基础》，兰州大学出版社，2008年8月版，第6页。

温的温鼎，托盘中的镂空用于通风、去灰。温鼎最早出现于商代，西周早期以后，温鼎逐渐增多，一般扁足温鼎的腹部是浅腹圜底，而晋侯墓中出土的这件温鼎器腹较深，是扁足温鼎中的新样式。现藏于山西博物馆，系国家一级文物。

图1　温鼎

二级文物为具有重要历史、艺术、科学价值的。二级文物是较一级文物略差的部分，我们将这些文物也称作重要藏品。

如有一件汉绿釉龙虎纹奁（图2）。汉绿釉是

图2　汉绿釉

一种以铜为呈色剂的低温绿釉。釉面厚润，绿色釉中轻微闪黑，匀润嫩绿，像熟透的西瓜皮。这件绿釉奁，高20厘米，口径16厘米，深腹，圆口，火焰山盖，平底，底部有三足，通身施绿釉，陶质。器身有八只龙虎相间的花纹，盖上有四只龙虎相间在火焰山上穿行。是一件难得的汉代绿釉精品。现藏于山西师大历史与文化博物馆，系国家二级文物。

三级文物为具有比较重要历史、艺术、科学价值的文物。

如山西师范大学有一件商代陶簋（图3），侈口，折沿外撇，盘口底，鼓腹，通高22厘米，底部盘口底径8厘米，簋的腹部中间由八个倒三角形组成的一条腰带。值的关注的是这个陶簋底部正中有一个口径0.8厘米的规则圆孔。根据其形制和时代可以断定这是一个比较独特的器物，簋流行于商至春秋战国时期，主要用于放置煮熟的饭食，而这件陶簋底部有一孔，说明它不是食器。关于它的用

图3　带孔陶簋

途有的专家说是计时器，用来计时间的；也有的专家认为它是葬俱；还有的认为它是花盆。正是由于它的神秘性和其独特的形制，被鉴定为国家三级文物。

具有一定历史、艺术、科学价值的为一般文物。一般文物就不举例了，我们现在在市场上能见到的文物一般都是"一般文物"。

但不管是珍贵文物还是一般文物，国家法律规定，不得以任何形式将文物流失到国外。

国家对文物有明确的规定，新中国成立以后，文物保护法修订了多次，最近的一次是2002年10月28日，在第九届全国人大委员会上通过的。在这里我们着重了解二个有关文物保护的问题。

第一是关于受国家保护的文物的规定。在文物法第一章的第二条有明确规定：具有历史、艺术、科学价值的古文化遗址、古墓葬、古建筑、石窟寺和石刻、壁画；与重大历史事件、革命运动或者著名人物有关的以及具有重要纪念意义、教育意义或者史料价值的近代现代重要史迹、实物、代表性建筑；历史上各时代珍贵的艺术品、工艺美术品；历史上各时代重要的文献资料以及具有历史、艺术、科学价值的手稿和图书资料等；反映历史上各时代、各民族社会制度、社会生产、社会生活的代表性实物。文物认定的标准和办法由国务院文物行政部门制定，并报国务院批准。具有科学价值的古脊椎动物化石和古人类化石同文物一样受国家保护。

第二个是有关文物归属的问题。文物法第一章的第五条有明确规定：中华人民共和国境内地下、内水和领海中遗存的一切文物，属于国家所有；古文化遗址、古墓葬、石窟寺属于国家所有；国家指定保护的纪念建筑物、古建筑、石刻、壁画、近代现代代表性建筑等不可移动文物，除国家另有规定的以外，属于国家所有；国有不可移动文物的所有权不因其所依附的土地所有权或者使用权的改变而改变。下列可移动文物，属于国家所有：中国境内出土的文物，国家另有规定的除外；国有文物收藏单位以及其他国家机关、部队和国有企业、事业组织等收藏、保管的文物；国家征集、购买的文物；公民、法人和其他组织捐赠给国家的文物；法律规定属于国家所有的其他文物。属于国家所有的可移动文物的所有权不因其保管、收藏单位的终止或者变更而改变①。

## ● 文明

　　文明一词随着社会发展不断丰富自己的含义，蕴含了人们对光明前景的追求、对美好事物的渴望，对社会进步的信念。文明其实离我们最近了，我们每天都要和文明打交道，讲文明成了我们生活中不可缺少的事情，在我们当今社会，如果一个人不讲文明那么这个人很可能在不长的时间内被文明人所唾弃。那么什么是文明呢？我们平时讲的文明和考古中的文明有什么不同呢？

　　我国历史上，早在2000多年前的古代文献中，就多次出现过"文明"这个词语。《尚书·舜典》中的"浚哲文明"，讲的是舜有深智。《易·乾》中有"见龙在田，天下文明"之语，这虽具有某种神秘色彩，但已能明确地在开化、昌盛和光明的意思上使用文明概念。康有为在《孔子改制考》中也说："三代文明，皆藉孔子发扬之，实则蒙昧也。"这是把文明理解为人类的一种美好进步状态，反映了中华民族对于"文明"的向往相追求②。

　　在现代汉语中，文明指一种社会进步状态，与"野蛮"一词相对立。

---

① 李晓东著：《文物保护法概论》，学苑出版社，2002年11月第1版，第70、71页。
② 李平著：《社会主义精神文明建设论纲》，吉林人民出版社，1992年05月第1版，第20页。

马克思主义认为，文明是人类改造世界的成果和社会的进步状态①。这句话有点深奥，通俗地讲"改造世界的成果"指的是物质文明，"社会的进步状态"指的是非物质文明。

过去我们把非物质文明理解成精神文明，有些狭义，其实非物质文明包含的东西比较多，如：政治文明、法治文明、制度文明、行为文明等。人类在改造客观世界的同时，人们的主观世界也得到改造，而主观方面的成果就是非物质文明。涉及教育、科学、文化艺术等各项文化事业和思想政治道德方面。例如，从封建社会的人治到法治建设；从过去的舞台戏曲到电影院的电影再到家中的电视，这些都是非物质文明。

物质文明主要表现为劳动工具和技术改进，生产的发展和生活的改善。例如，青铜器的冶炼，铁制工具的产生，毛笔到钢笔再到电脑的发明等，就是劳动工具和技术改进的结果。从这个意义上讲，生产力是物质文明的基础和发展状态的根本标志。生产力水平越高，标志着人类的物质文明程度越高。

正如恩格斯指出的："人们首先必须吃、喝、住、穿，然后才能从事政治，科学，艺术，宗教等等；所以，直接的物质的生活资料的生产，因而一个民族或一个时代的一定的经济发展阶段，便构成为基础，人们的国家制度，法的观念，艺术以至宗教观念，就是从这个基础上发展过来的。"②

通过了解以上的内容我们可以看出，文明的起源，就是由于生产力的提高，人们对大自然的控制能力增强，随后人们在不断满足自己的物质需求时，同时发展了非物质文化。随着氏族公社过渡到部落联盟，冶金术、古代建筑、文字、宗教、阶级、城市、国家等逐步并广泛产生，文明也就产生了。文明起源的时限，应包括构成文明诸因素的孕育、发展，直到文明时代最终诞生。文明的程度越

---

① 刘卫学主编：《邓小平理论教程》，河南大学出版社，2004 年 02 月第 1 版，第 225 页。
② 王令金著：《马克思主义经典著作精选及导读》，中央编译出版社，2002 年 03 月第 1 版，第 56 页。

高，离开野蛮、愚昧的状态越远。

从中国目前的考古发现来看，中国古代社会进入文明的主要标志是文字、青铜器和城市①。"中国文明"源自于黄河、长江流域，形成于公元前 21 世纪，成熟于西周一直延续到明清。

## ● 考古和文物

考古学对我们来说是一门新学科，但我们却经常听说考古发现、文物收藏等，考古和文物其实就存在于我们生活中。

作为考古学研究对象的文物，主要是指考古发掘出土的遗迹和遗物，考古学上称之为"遗存"，遗物绝大多数是古代的人工制品。遗迹中，小到单个居住遗址、墓葬和窑穴，大到村落、都城；遗物中，小到陶器、石器，大到重数百公斤的青铜器，都是考古的对象。

除此之外，和人类活动有关的自然遗存也是考古的对象。如古代人们居住过的洞穴，虽然是自然形成的，但是与过去人类活动发生了密切关系，因而也是考古的对象。

在这里有一个特殊的东西，那就是化石。我们在对丁村进行考古时发现了大量的动物化石，那么这些化石是不是我们研究的对象呢？

答案是肯定的，因为不管是动物的化石还是人类的化石，当然，人也是动物，是一种高级动物。化石是特定时代的产物，在原始社会，人和动物一样，特别依赖大自然，当时的经济是一种掠夺性的经济，世界上有什么他们就吃什么，人处在食物链的高端，主要以狩猎、渔猎、采集为主，因而，有山有水的地方，是动物经常出没的地方，因而也是人类经常光顾的地方，从这个意义上讲，化石

---

① 李先登著：《夏商周青铜文明探研》，科学出版社，2001 年 9 月版，第 4 页。

是和人的活动有关的，因此，化石是我们考古学研究的对象。

文物成为考古研究的一个重要内容。考古又为历史研究提供了大批可资利用的资料，正是考古学把历史研究从过去的仅限于文献一下子延长到整个人类的历史。因而我们说，没有文物作为考古的对象，考古"上穷碧落下黄泉，动手动脚找东西"就会如水中捞月。

## ● 文物和文明

文物能直接反映文明高低的程度。中国文物作为历史和文明的载体，凝聚着中华民族千百年来的智慧，标识着中华文明的发展进程，是祖先遗留下来的不可再生的宝贵财富。中国是世界四大文明古国之一，保留有数量巨大、种类繁多的古文明遗迹遗物。中国的文物可分作两大类：一类是可移动的文物，主要指古器物，包括石器、陶器、玉器、铜器、石雕、陶俑、佛教造像、金银器、瓷器、漆器、竹木牙角器、家具、书画及古文献等；另一类是不可移动的文物，主要指地上地下的古遗迹，如古遗址、古建筑、古墓葬、石窟寺等①。

文物作为历史的见证，是一定历史时期人类社会生活的产物。它能从某个角度客观真实地反映那个时代的政治、经济、军事、文化、艺术、科学水平。文物更是人文精神的寄托，哲学思想的折射。

只有文物才能真实地反映历史，才能真正体现文明发展的历史进程。我们可以通过对文物的了解，切身感悟古老文明的博大精深。

例如，瓷器的产生和发展就是一个典型的文明延续和发展史。玉"是中华文明起源时期的主要特征之一，玉的神化和灵物概念是玉器时代意识形态的核心，

---

① 刘晓霞著：《文物保护法通论》，中国城市出版社，2005 年 12 月第 1 版，第 6~8 页。

中华民族形成爱玉的民族心理"①。然而由于玉器受天然玉料的局限，不可能大量制作，于是先民致力于人工制造类似玉器的器皿，这样，受玉器文明的长期熏陶，在不断提高制陶技艺的基础上，瓷器在夏代中、晚期产生了②。

瓷器在发明初期，并没有达到人们理想中"玉"的效果，后经漫长的技术探索，在东汉时终于成功烧制了成熟的青瓷器，此时的瓷器和玉的效果逐渐逼近，而到三国两晋南北朝时，终于达到了"越瓷类玉"的效果③。

"路漫漫其修远兮，吾将上下而求索"，制瓷技术在先民孜孜不倦的追求下，到了宋时期，瓷器的釉色达到了玉质的意境。宋代出现了五大官窑和八大民窑系，各窑口追求玉器效应更为强烈。官窑釉色莹澈，纯粹如美玉，民窑莹润如堆脂，南宋龙泉青瓷更是青瓷釉色中的极品，以至于出口到西欧后被西方贵族当做玉制品争相珍藏。

元青花的明净素雅正是玉的意境，成为中国最具民族特色的瓷器而闻名于世。明代的永乐甜白瓷是具有强烈玉感的新创造。清代的粉彩、珐琅彩更以似玉而著称。

中国瓷器从它的发明、发展全过程来看，正是中华文明孕育、产生、发展、成熟的一个缩影。

因而说，文物是反映文明产生和发展的一面镜子。离开了文物谈文明，只能是夸夸其谈，不切实际。

## ● 文化和文明

德国人斯拉姆说过一句话："人类假如想要看到自己的渺小，无需仰望繁星

---

① 牟永抗著：《中国在石器和青铜器时代之间曾有一个玉器时代》，《光明日报》1990 年 7 月 4 日理论版。

② 杨秋梅著：《山西历史与文化》，三晋出版社，2008 年 12 月版，第 20 页。

③ 陈雨前著：《景德镇陶瓷文化概论》，江西高校出版社，2004 年 10 月第 1 版，第 107 页。

闪烁的苍穹，只要看一看我们之前就存在过，繁荣过，而且已经消亡了的古代文明就足够了。"这说明人类所创造的古代文明是非常重大的。

当人类从类人猿转变为类猿人时，通过实践活动而接触的那些自然物便有了文化的意蕴，具备了成为一种文化现象的可能性，从而使人类的活动进入了文化的领域。换句话讲，当人类第一次拿起木头和石块作为自己向大自然镶取生活资料的工具的时候，木头和石块就被赋予了文化。一切自然的现象和事物，只要经过人的认识和创造，即"人化"，便被赋予了文化的内涵和意义。

从旧石器时代的石斧、安阳殷墟的甲骨文到今天的宇宙飞船，从原始宗教到现代艺术都是文化的组成部分。"文化"一词使用在不同的场合，含义也有所不同。文化是随人类而出现的，有了人类，也就有了文化①。

文化能够对人掌握世界的方式和人所具有的尺度不断进行新的整合。比如我们推测距今180万年前的山西西侯度，在黄河边的一个丘地上，有一原始人拾起了一块河卵石，只是简单的加工一下，便把它变成一件工具，用来削木棒以挖掘树根，或当做刀子从死的动物身上切割肉块。这种原始的简单的创造活动会被人们认识到有始料不及的效能时，他们就会重复这样的技能活动，并在实践中对其进行传播和发展。从某种意义上讲，人类的文化或文明就是这样发展起来的。

人的创造活动构成一个"人的世界"，而且随着人创造活动的发展和提高，这个"人的世界"也随着文明和完善起来。因而，文化是"人的世界"走向文明和完善的基本动力，文明与文化有着不解之缘，没有文化，文明就无从谈起，同样，没有文明，文化就难以存在②。

在生活中，文化一词常被人们泛用，有时它与文明相通，相互替代。文明与

---

① 赵世瑜、周尚意合著：《中国文化地理概说》，山西教育出版社，1991年10月第1版，第1页。
② 陈军著：《现代企业文化：21世纪中国企业家的思考》，企业管理出版社，2002年04月第1版，第2~6页。

文化这两个词汇有含义相近的地方，也有不同。文化指一种存在方式，有文化意味着某种文明，但是没有文化并不意味"野蛮"。

从最广泛的意义讲，文化可以看成是由一个社会或社会集团的精神、物质、理智和感情等方面显著特点所构成的综合性整体。它不仅包括艺术和文学，也包括生活方式，人类的基本权利，价值体系、传统和信仰①。

我们目前一般接触到的古代文化遗物和遗迹属于物质文化，但通过对遗迹、遗物的分析能够在某些方面了解古代的精神文化。比如，通过陶寺的观象台可以研究古代的天文历法，通过侯马晋国遗址 11 处祭祀遗址的遗迹和遗物了解春秋战国时期的祭祀仪式等。

从这个意义上讲，考古学文化是以物化的形式表现的，是古人内在精神的外在体现。所以我们认为考古学文化就是指通过考古资料得到的人类在历史上创造的物质财富和精神财富。

文化的产生要早于文明。文明从广义上讲，是人类文化发展到有了文字记录以后才开始的，恩格斯在《家庭私有制和国家起源》一书中，将人类社会分为蒙昧时代、野蛮时代和文明时代，文化始终是贯穿三个时代的始终，同人类相伴而行，而文明则是从第三个时代开始的，针对中国而言文明曙光从传说时代即陶寺义化而起②。

## ● 考古和历史

考古是现代人类了解古代人类活动的重要手段之一。对于人类的历史仅 1%

---

① 孙小礼著：《信息科学技术与当代社会》，高等教育出版社，2000 年 07 月第 1 版，第 171 页。
② 恩格斯著、张仲宝译：《家庭、私有制和国家的起源》，人民出版社，1954 年 10 月第 1 版，第 26、27 页。

可以通过历史记录得知，其余 99% 就是考古所研究的任务①。

考古也称为考古学，对我们而言是涉及的一门新学科。不过考古学本身就是一门新兴的学科。考古学属于人文科学，考古学到近代才发展成为一门科学。

我们所说的考古学是一门新学科，是指在以前所学的科目中几乎没有涉及过考古。在此之前最熟习的莫过于历史学了。我们学的历史学，可以说从小学到大学我们每天都在接触。为什么要学历史，这个道理是显而易见的。有一句话可以说是对学历史的一个精辟断言："以史为鉴，可以知兴衰"，从大的讲，就是要通过学习历史，总结历史经验，帮助我们在发展的道路上走向辉煌，"如果一个民族忘记了自己的历史，就不可能深刻地了解现在和正确地走向未来"②。从小的地方讲，人是有历史的高级动物，一个人如果对自己的民族历史一无所知的话，这个人的生命存在就毫无意义。历史教会了我们如何去生活。

那么我们为什么还要学习考古呢？英国早期著名的古物学家威利·卡姆登指出：研究古代遗物，是"人类精神的一种最为高贵的食粮"。考古学就正是这样一门让我们回头去看自己过去 5000 年甚至更长历史的学科，它通过发掘、记录、整理、分析和解释人类在过去生活中留下的物质遗存，拼凑、复原和认识已经消失的古代社会、文化与历史。我国著名考古学家俞伟超先生说："考古学最根本价值应是：了解人类以往过程，寻找文化进步本质原因，认清今后前进方向。"③

在这里得重申一个我们非常熟习但熟习的反而不知如何回答的问题，那就是什么是历史？

从广义上讲，历史即指一切事物的发展过程，包括自然史和社会史。通常讲的历史，则仅指人类社会的发展过程。在习惯上，关于历史的记述和阐释，也称为历史。

目前所使用的"历史"一词，在中国古代是没有这个词汇的。他是梁启超先生在

---

① 郭喜亭著：《考古的故事·世界卷》，中国书籍出版社，2004 年 8 月版，第 1 页。
② 龙钰林：《古有资治通鉴，当有资政史鉴》，《中国图书评论》1999 年第 3 期。
③ 曹兵武著：《考古学：追寻人类遗失的过去》，2004 年 05 月第 1 版，第 26 页。

建立自己的"新史学"的时候，从日本词汇中直接引用的，梁启超先生不但是中国使用"历史"一词的第一人，而且他还第一次使用了"中华民族"和"神话"这个词汇。

而日文中的"历史（れきし）"，却是日本人在唐朝时根据中国古汉字创造的片假名，属于音读词汇。看来"历史"这个词汇却是"出口转内销"了。

中国古代的"史学"概念也从对"史"的认识发展而来，或者说它最初也包含在"史"中。据翟林东的研究，大体说来，中国古代"史"的含义经历了"史官"、"史书"、"史事"、"史学"的演变过程。"史学"一词可能始出于东晋十六国时期后赵石勒称王之年，即公元319年（东晋元帝大兴二年）。据《晋书·载记》记载，石勒于此年自立为赵王，以任播、崔濬为史学祭酒。南朝宋文帝元嘉年间（424～453年），置总明观，内分玄学、儒学、文学、史学四科，每科置学士10人。在当时和其后一个半世纪间，人们并未对史学的内涵做出明确解说。但是，史学摆脱对经学的依附地位而独立，成为官学中一个完全独立的部门，这在中国古代史学发展史上还是极具重要意义的。后来史学有了编纂学、文献学的内容。至清代乾嘉时期，人们又赋予了文学以历史叙述技巧和历史认识方法等内容。概而要之，在中国古代历史上，人们对史学概念的解说所达到的最高认识水平是：史学是一门关于如何认识、叙述或编纂过去所发生的事的专门性、技艺性的学问。这种认识与西方近代历史学家"历史学是艺术"的解说有异曲同工之妙。在中国古代史学发展史上，作为一种客观存在的人类社会的发展过程的"历史"，与作为一种专门性学问的人们对这种过程进行认识、描述的活动及其结果的"史学"，最后实现了初步的分离。这是古代历史学家经过多年探索的结果，也是他们关于史学本体的认识的一个最大成就[①]。

目前想要了解中国的历史，可以从《尚书》、《春秋》、《左传》、《史记》、

---

① 周祥森著：《史学的批评与批评的史学》，河南大学出版社，2007年04月第1版，第10页。

《资治通鉴》、《二十五史》等史书上就可以了解到，但是我们所学的这些"历史"，都是通过文字记载下来的，而且是经过人为加工过的"历史"，那在文字没出现以前的那些"历史"如何了解到呢？对于现在的文字"历史"又如何去进行甄别呢？对了，考古。

考古可以通过调查、发掘等手段去分析、研究古代人类留下的文物，复原和理解古代人类及其文化的发展历程。虽然古代社会给我们留下了大量的遗存，但这些文物对我们而言都是不会说话的"书籍"，要想从他们身上获得古代的信息，只有依靠考古，考古学家可以最大限度地去发现并理解那些遗存，给我们提供古代世界已经逝去、无法验证的过去。对于这些历史，我们大可保持自己的疑问，但是无可否认，考古学已经是一门相当成熟的学科，考古学从调查、发掘、出土，到整理、分析、研究古代遗存，到形成对古代文化和社会的认识，是一个科学的过程，也是一次对人类自己童年历史的追寻，同时"考古发现"充满吸引力，而理解这些发现同样需要经过努力，并且更加具有吸引力。这便是考古学永久魅力所在①。

## ● 文物和历史

对于史前社会我们一无所知，对于文献中的错误我们需要考究，解决这些问题的办法就得依靠考古了。而且越是没有文字的史前社会，考古就越显得重要。

通过几个例子可以说明这个问题。

第一个是关于商纣王的。《史记·殷本记》说商纣王"以酒为池，悬肉为林"②，是说商纣王奢靡残暴，作了一个大池子，里面放满了酒，又把肉挂在树

---

① 曹兵武著：《考古学：追寻人类遗失的过去》，学苑出版社，2004 年 05 月第 1 版，第 28 页。
② （汉）司马迁撰：《史记》，中华书局，2008 年 11 月版，第 50 页。

上，显示自己的富有。现在从考古方面看看这个事的真实性。

中国的酿酒技术大致在仰韶文化中出现，一直到秦汉时，中国的酿酒技术一直是用"蘖"酿的酒，"蘖"就是发芽的谷粒，用蘖酿出的酒被称为"醴"，是甜酒，酒精度很低，所以古人才说"小人之交甘若醴"。我国蒸馏酒的起源，也主要是通过考古发现东汉晚期蒸馏器和出土画有东汉晚期酿酒图像的画像砖而基本确定下来的。该图正中一人在灶上和醴酿酒，其左一人手扶独轮推车（已残缺）运酒出店，此人赤足踝肘，头上椎髻高耸，应是在蜀地卖佣为生的少数民族劳动者①。而且，由于有关一系列科研成果的公之于世，我国白酒起源于汉代说已得到了国内外学术界越来越多的人的重视或承认。

汉时的造酒开始用酒曲，用曲酿造出来的才是真正的酒，出现了蒸馏酒也就是烧酒，得到度数更高的酒，大致酒精度有 50 度，才和现在的酒一样。那么，商纣王喝的酒就应该是用"蘖"酿出的甜酒，这样的酒是要加热后才能饮用。这样的话，商纣王把酒倒在池子里喝是不科学的，况且在商代用什么制作下的池子能不把酒渗透去呢？

肉林也不可取，试想一下，如果是冬天，商纣王不可在寒风中欣赏那挂在树上的一条条并不是可爱的肉食。如果是热天，我不说大家也能想象得到，因为等到不到商纣王和他的爱妃们一起去观赏肉林的时候，有一些讨厌的动物怕是没经过允许就捷足先登了。

真实的事情应该是，商纣王和他的爱妃们在湖边游泳，边吃着肉边喝着酒。而在过去，只有贵族才容许吃肉喝酒，一般人吃肉是要被杀头的，所以后代文人为了讽刺商纣王的生活奢侈，纵欲无度，便有了"酒池肉林"的说法。

第二个是晋国都城的。《史记·晋世家》中记载了这么一个故事：晋国的唐叔虞是周武王的儿子，周成王的弟弟。当初，周武王与叔虞母亲"邑姜"交会

---

① 萧家成著：《升华的魅力·中华民族酒文化》，华龄出版社，2007 年 2 月版，第 17 页。

时，梦见上天对他说："我让你生个儿子，名叫虞，我把唐赐给他。"等到武王夫人生下婴儿后一看，手掌心上果然写着"虞"字，所以就给儿子取名为虞。周武王逝世后，周成王继位。一天，周成王和叔虞作游戏，成王把一片桐树叶削成珪状送给叔虞，说："用这个分封你。"史官于是请求选择一个吉日封叔虞为诸侯。周成王说："我和他开玩笑呢！"史官说："天子无戏言。只要说了，史官就应如实记载下来，按礼节完成它，并奏乐章歌咏它。"于是周成王把唐封给叔虞。唐在黄河、汾河的东边，方圆一百里，所以叫唐叔虞①。问题就出在了这个"唐"字上，这个被封的古唐国究竟在哪里，千百年来一直成为后人争争不休的话题。清代以前，学者们多以《汉书·地理志》②为据，认为古唐国在"晋阳（太原）"。到了清代随着顾炎武《日知录》的"翼城说"③问世后，争论风起。

究竟谁是谁非？随着 20 世纪七十年代以来的襄汾陶寺遗址和翼城、曲沃交界处"天马—曲村"遗址的发掘，真相大白。

晋南和豫西是中国古文献所记载的夏王朝的活动中心和建都之地。据《左传》昭公元年、十五年，定公四年，"大夏、夏虚、参虚"应为同一地域，其地望历代考证应在晋西南地区。《史记·郑世家》："成王……封叔虞于唐，唐在河、汾之东，方百里。"《史记·郑世家》集解引服虔说："大夏在汾、浍之间。"陶唐氏（帝尧），居于平阳（今山西临汾西南）。临汾古代为平阳府，历史上素有"尧都平阳"，禹"又都平阳"之说。这说明临汾盆地应是唐之所在，是大夏、夏虚的中心区域。

陶寺遗址正处于这中心区域之中。根据陶寺文化的年代，其早期可能与帝尧——陶唐氏有关，晚期已经进入夏纪年范围。陶寺文化的考古发掘资料，正是

---

① （汉）司马迁撰：《史记》，中华书局，2008 年 11 月版，第 805 页。

② 《汉书·地理志·太原郡·晋阳》条下注："故《诗》唐国，周成王灭唐，封弟叔虞。龙山在西北，……晋水所出，东入汾。"因而古唐国有太原说。

③ （清）顾炎武著、（清）黄汝成集释：《日知录》，上海古籍出版社，1985 年 06 月第 1 版，第 685 页。

尧舜禹时期社会状况的实证①。

处在翼城和曲沃之间的"天马—曲村"遗址被发掘后，截至 2001 年，共发现属于晋国早期 9 位晋侯和他们夫人的墓葬共 19 座。出土的数十件青铜器上有铭文，其中记录有 6 位晋侯的名字。一个叫"稣"的晋侯与史书中晋献侯的名字一致，考古学家排出的墓葬顺序也和《史记》记载的晋侯世系相吻合。9 位晋侯，他们依次是晋侯燮父、晋武侯、晋成侯、晋厉侯、晋靖侯、晋釐侯、晋献侯、晋穆侯和晋文侯②。晋侯墓在翼城和曲沃之间，根据古代墓葬习俗，晋国都城一定在晋侯墓附近，也就是说，晋国早期都城也在翼城和曲沃一带。

襄汾陶寺和"天马—曲村"遗址的发掘，用铁的事实证明了翼城正是晋国初封之地。傅斯年说过："上穷碧落下黄泉，动手动脚找东西"，正是文物工作特征的写照，因而我们说，文物是反映历史的最直接证据。

① 张之恒著：《陶寺文化中的古文明因素》，《中国文物报》，2005 年 6 月 10 日第 7 版。
② 李伯谦著：《考古探秘》，科学技术出版社，1999 年 10 月版，第 142 页。

# 文物考古与山西

目前对考古学的定义即："考古学是根据古代人类通过各种活动遗留下来的实物以研究人类古代社会历史的一门科学。"对于这样的定义，我们理解时还是有一定的困难，比如考古的对象是什么，范围是什么？有没有年代限制？山西考古对中国文明史探索的成就在哪里？因此有必要作几个补充解释和说明。

## ● 范围

考古的年代范围是一个动态的，是与时俱进的，不是固定不变的。要说明这个问题我们先来看一个报道。

"对于文物系统来说，要说清我们国家的文物家底，是一个基本职责。但在这问题上我们一直很尴尬。我们现在所用的数字是第二次文物普查的结果。伴随着城市化的加速，大规模的城乡建设，保留至今的文化遗产数量究竟有多少？"

"另一方面，自上世纪90年代以来，国际社会对文化遗产保护的理念不断进步，让我们对文化遗产的认知与80年代有了很大不同，出现了很多新概念，比如20世纪文化遗产、乡土建筑、工业遗产、水下文化遗产等。随着新概念的使用，文化遗产的统计又会有哪些变化？我们也有很大的期待。"

以上是国家文物局力推第三次全国文物普查时，于2009年1月20日在人民日报上的表述。

从以上讲话中可以看到，考古研究的时间范围随着时代的不同在发生着变化，"全国第三次文物普查"虽然是一次对文物的普查工作，但别忘了，考古的对象就是文物，考古的时间是随着考古对象——文物的时代决定的，而不是由某个人或者某个理论家和考古学家决定的。

前两次全国文物普查界定标准都要求是民国以前，符合条件的才能说是文物。第三次文物普查为了进一步繁荣国家文化遗产资源，将分类与界定标准作了调整，强调将具有典型价值的近现代工业建筑、金融商贸建筑、文化教育和医疗卫生建筑、水利设施、林业设施、交通道路设施、军事设施等行业性质文化遗产，以及各种风格、流派、形式的近现代代表性建筑也作为普查重点。根据规定，凡是2007年9月30日之前就存在的上述类型不可移动物，均能定义为文物。这样的话目前考古的时间下限就定在了2007年9月30日之前①。

以前也有的学者把考古学的年代范围局限于史前时代，即没有文字记载的古代。不否认历史越古老，文字记载越少，考古学研究的重要性也越显著。要探明人类没有文字记载的史前时代的社会历史，就必须在极大程度上依靠考古学。但如果仅限于史前社会的考古，目前来看这样做是不对的，考古学所研究的"古代"，除了史前时代以外，还应该包括历史时代。就中国而言，历史时代不仅指商代和周代，而且还包括秦汉及其以后各代。以前学者们把中国考古的下限定在夏、商、周三代，是因为中国考古学的建立之初是为了解决三代及以前的问题，

---

① 第三次全国文物普查领导小组办公室：《第三次全国文物普查实施方案》，2008年11月24日，第5页。

我们的编年史只能推到公元前 841 年，究竟我国 5000 年的文明史在年代学上应如何论证以得出结论，却并不很清楚，还有如中国人的起源问题，仰韶文化西来说的问题等，但是后来随着中国考古学的发展，学者们针对历史时代的一些问题比如一些历史事件的真相，文献上人为参与的一些观点等，也能用考古了来澄清，因而考古学的年代下限反而随着时间的推移而向后画线。

尤其是近年来，随着考古学的发展和人们对近现代历史的重视，考古学研究的时间范围逐渐向后扩展。我国各地明、清、民国时的墓葬时常被发掘出来。这些发掘以及对民国时的文物考查和鉴定等，标志着中国考古学的研究范围实际上已经下延到民国。我国抗日战争时期一些遗迹的发掘，同样是采用了考古学的发掘方法，可以看成是将考古学的方法应用于近代历史研究的范例。这次第三次文物普查更是将考古的下限移至 2007 年，跨度之大、范围之广足可以说明考古时间范围也是与时俱进的。

这种考古时间范围的拓展是历史发展的必然结果，也是考古学在新世纪取得的成功。考古学所具有的直观性和通过文物资料研究人类历史的特点被认为不仅在古代史研究领域大有作为，在近代乃至现代历史的研究中，也同样能够发挥独特的作用①。

如果从中国历史发展的脉络看，中国古代史是一部文明史，中国近代史是一部屈辱史，而现代史是一部民族复兴、改革发展史。如果我们仅研究文明史，考古学研究的年代下限，就目前而言，应将清代包括在内，将清代的遗存包括进中国考古学研究的范围之内，有利于我们更加深入地了解和认识这一由强转弱的转折期的文化与社会的具体状况。这对于我们实现中华民族的伟大复兴具有重要意义。

当然，如果考虑到和历史学的关系，至少中国的考古学下限应定在 1840 年鸦片战争开始。

---

① 钱中文著：《论考古学方法创新》，《中国社会科学院院报》，2003 年 7 月 24 日版。

# ● 对象

其实我们对考古的对象已经有所了解，就是文物。但文物是一个抽象的概念，具体起来还真不好说。

有些人认为，考古就是考证古代的事物，古董是典型的古代器物，只要把古董研究完了，考古知识就得到了。这是个片面的理解，考古的对象是文物，而古董仅是文物的一部分，当然古董是我们研究的一个重要对象。古董由于有与其相关的考古资料作为分期断代的基础，或者它们本身带有可以证明其自身年代和用途的铭刻或题记，蕴涵着相当数量的古代信息，因此我们理所当然地把这些传世品即所谓的古董作为考古学研究的对象。

然而，考古研究的对象应该是全部文物，文物绝大多数是古代人活动的产物，是当时人们通过生活遗留下的遗迹和遗物，也就是考古报告中常见的"遗存"。遗迹中，小到单个居住遗址、墓葬和窖穴，大到村落、都城；遗物中，小到陶器、石器，大到重数百公斤的青铜器①，都是当时的人们有意识地设计和建造的，都具有一定的功能，都是我们要考古的对象。

这也是它与狭义历史学——依靠文献记载以研究人类历史的最重要的不同点。有人把依靠文献资料以研究人类古代历史的狭义历史学也称为考古学，这是不符合考古学基本含义的。考古学和狭义历史学，是历史学科的两个主要组成部分，犹如车的两个轮子②，不可偏废。但是，两者关系虽很密切，却是各自独立的。它们都属"时间"的科学，都以研究人类古代社会历史为目标，但所用的资料大不相同，因而所用的方法也不相同。

---

① 张之恒著：《中国考古学通论》，南京大学出版社，1991 年 12 月版，第 1 页。
② 孙英民著：《中国考古学通论》，河南大学出版社，1990 年 08 月第 1 版，第 2 页。

以文献为研究对象的狭义历史学只研究文献的内容，通过文献记载相互求证，以达到探求知识的真实性。而考古主要研究实物资料，是用实物来说话的，它可以直观的反应某一个历史时期的政治、经济、文化。如侯马出土的粮仓，大汶口出土的猪下颌骨都是人们活动的产物，它们为我们提供了过去人们活动的大量信息，因此，它们理所当然地成为考古研究的重要对象。

在这里有一个特殊的东西，那就是化石。化石是不是我们研究的对象？

答案是肯定的，因为不管是动物的化石还是人类的化石，当然，人也是动物，是一种高级动物。化石是特定时代的产物，在原始社会，人和动物一样，特别依赖大自然，当时的经济是一种掠夺性的经济，世界上有什么他们就吃什么，人处在食物链的高端，主要以狩猎、渔猎、采集为主，因而，有山有水的地方，是动物经常出没的地方，因而也是人类经常光顾的地方，从这个意义上讲，化石是和人的活动有关的，因此，化石是我们考古学研究的对象。

和人的活动有关的动物和植物的化石是我们研究的对象，那么遗址中出土的野生植物和野生动物的化石是不是我们研究的对象呢？也是，它们虽然不是人工种植和饲养的，但却与人们的生活发生了密切的关系，曾为人类所利用，因此它们也是考古学研究的对象。

还有古代人们居住的洞穴，虽然也是自然形成的，但是被人们作为居住的场所，有些还被有意识地加以修整，他们与过去人类的活动发生了密切的关系，因而也成为考古研究的对象。

自然物呢？比如我们时常出土一些未经人类加工的自然石块，它们是不是我们研究的对象呢？也是。虽然是自然物，但是它们被人们有意识地搬运到聚落中或放置于墓地的，从而带有了人类活动的烙印。它们来自何处，为何被搬运到此，反映了当时人们的什么心理，为何会有这样的习俗，等等。这些问题对于研究当时人们的生活往往是十分重要的，因此它们当然也是考古研究的对象。

有鉴于此，我们在表述考古研究的对象时，不应以是否为人工制品为唯一标准，而是要看其是否参与了人的活动。基于上述认识，我们认为，考古学研究的对象，应包括人工的遗迹、遗物和与人类活动有关的自然物。这些都是我们研究的对象。

在过去，考古和历史是各走各的路，历史学家只埋头于浩瀚的文献研究中，而考古学家认为，考古的研究对象是实物资料，不能和历史等同起来。但我们认为，考古学不应从历史大学科中分离出去，而应该是考古和历史并重，相互支持。

比如在1928年开始的河南安阳殷墟考古就是一个明显的例子。通过这次考古发掘出土的甲骨文印证了文献所载的商史是信史，是真实的历史，考古学者同时也依据考古资料对殷商历史进行了文化分期和年代学研究，确立了殷商文化的时空框架。所以，考古发现，一方面把地上和地下的材料联系起来，一方面把历史和史前史联系了起来。

张光直先生曾讲到，他的理想是"一个历史工作者，也能做野外考古工作"。这从另一个方面说明了考古和历史的关系，研究历史文献的学者不应局限于对文献的研究，不能只见树木不见森林，而考古工作者也不能只相信实物，也要依靠文献的指导的支持。考古和历史只有紧密的联系起来，才能在科研领域取得大的突破。

## ● 扩展

考古学研究的对象是文物，是古代人们在各种活动中遗留下来的遗迹和遗物。这些遗迹和遗物能够在相当程度上直接反映当时人们的物质生活，如当时的人们在什么样的地方营建村落，居住在什么样的房屋中，使用什么样的生活用品和生产工具，进行什么样的生产活动，死后被埋在什么样的坟墓之中，等等。然而，这并不说明考古学只能研究过去人们的物质文化。除了能够研究物质文化外，还包括美术观念、宗教信仰和意识形态领域内的各种精神文化①。

考古学定义中指出，考古学是根据过去人们的活动遗留下来的实物遗存研究当时人们的生活，进而探索人类文化与社会发展的过程与规律的一门学问。众所周知，人们的生活包括物质生活、精神生活和社会生活。物质生活包括衣、食、住、行等；精神生活包括审美、信仰、伦理规范、世界观、价值观、生死观等；社会生活包括战争、贸易、祭祀、婚丧、集会等人们有组织的活动②。需要指出的是，上述三者之间并非泾渭分明，而是相互渗透，你中有我，我中有你。

为什么这么讲呢？首先，人类的活动是具有社会性的。人是属于社会的，任何一个单个的人都不能孤立于世界之外。经常有人说，我走我的路不管别人怎么说，这是对人生观和价值观的弯曲，你不可能一个人走路，身旁有你的父母、你的亲戚、你将来还要娶妻生子，而且你目前脚下走的路，就是别人开的路。过去皇帝称自己是孤家寡人，那是因为他是"天子"，天的儿子。在人间的天子只有一个，所以他说自己是孤家寡人。但皇帝的活动更是具有社会性的，"上有所好，下必甚焉"，皇帝一人的喜好就可以影响到整个国家。所以说，世界上没有哪个人可以脱离开社会而存在。既然每个人的活动都不是独立存在的，因而这个人存在的群体或者说这个社会的政治、经济、文化都是紧密相连的，因而人的活动是具有社会性的。

从这个意义讲，每个人的活动都是和社会息息相关的③。人类所制作的器物和所创造的文化，都是反映社会的共同的生产技术水平和共同的文化传统。因此，人类的活动无论是物质生活还是精神生活都带有社会的烙印，都不可能脱离社会，都是社会的产物。

① 段小强著：《考古学通论》，兰州大学出版社，2007 年 3 月版，第 3 页。
② 曹建敦：《考古学基础知识》，2005 年 11 月 8 日清华大学讲座。
③ 钱中文：《论考古学方法创新》，《中国社会科学院报》，2003 年 7 月 24 日版。

另一方面，人们的活动是受精神支配的，物质遗存在很多方面都是与意识和观念息息相关的。如在制作瓷器时，瓷器的原料选择、样式、釉色、纹饰图案和风格等，都从一个侧面反映着当时人们的观念和意识。因此，考古学研究不应当只是注重研究文物本身的年代、分期和形制演变，而应当"透物见人"，通过文物，研究其背后所蕴涵的人的活动。

但需要说明的一点是，在考古学研究中，一般不存在对个别历史人物的评价问题。比如要评价武则天，就不能用考古的方法。这不仅是由于作为考古学研究对象的实物资料往往无法与某一历史人物相联系，更重要的还由于考古学研究的目标在于人类古代社会的历史，而不在于某一个人的单独表现。

综上所述，考古学不仅要研究过去人们的物质生活，而且应当透过实物遗存，研究其中所蕴涵的与当时人们的精神世界和社会组织结构有关的信息。只有这样，才能全面地了解当时人们的生活与社会状况，解析文化与社会发展的具体过程，为探索人类社会发展规律奠定坚实的基础。

## ● 成就

山西省位于黄河中游，华北地区南部，西有吕梁山，东有太行山，境内平原、丘陵及河流纵横交错，又有农桑、盐池、铜矿、铁矿、煤矿之利，是最适宜人类生长、繁衍的地区之一，也是中华民族的发祥地之一。

1926 年 10 月，中国首次由中国人独立主持的田野考古工作由李济和袁复礼两位考古学家在山西西阴进行，这也是山西的第一次考古，从此山西考古成为中国考古史上的一个重要内容。

考古学是在 20 世纪 20 年代由西方传入中国的，不是我国的土特产。在传入中国的时候是有一个文化背景的，当时在新文化运动的影响下，在史学界兴起了一股"古史辨"的思潮，即对以前的古史都要问个为什么，都要分辨清楚，不清楚的就怀疑甚至否定。

当时"古史辨"最有名的领袖人物是顾颉刚,以他为代表的古史辨派对中国传统古史体系进行了彻底破坏。他们大胆地提出了"层累地造成的中国古史"观点,在当时引起极大轰动,掀起了一股颇具声势的疑古思潮。

"层累地造成的中国古史"是"古史辨"派的基本观点。顾颉刚把它概括为三个方面:第一,在古史记载中,"时代愈后,传说的古史愈长"。周代人心目中最古的人是禹,到孔子时有尧、舜,到战国时有黄帝、神农,到秦有三皇,到汉以后有盘古。第二,"时代愈后,传说中的中心人物愈放愈大"。如舜,在孔子时只是一个"无为而治"的圣君,到《尧典》就成了一个"家齐而后国治"的圣人,到孟子时又成了一个孝子的典范。第三,我们不能知道某一件事的真确的状况,但可以知道某一件事在传说中的最早的状况。我们即使不能知道东周时的东周史,至少能知道战国时的东周史;我们即使不能知道夏商史,也至少能知道东周时的夏商史①。

这在当时学术界可以说是一枚"重磅炸弹",把原来传统的思想来了个彻底的破坏。而在当时历史学家们也没有一个好的办法去证实这个问题,其实就是历史学家们也存在这样或者那样的对历史求证的问题。旧的古史体系眼看就靠不住了,那么中国到底有没有悠久的历史呢?在这种情况之下,有人便主张要走考古学之路。当时很有名的李玄伯教授首先提出:"要想解决古史,唯一的方法就是考古学"②,通过地下的发掘,挖出实实在在的东西才能够证明历史对还是不对。不久顾颉刚也发表声明同意此意见,认为走考古学之路的确是一个极为正当的方法。

正是在这样一种社会发展需求和学术发展要求之下,西方兴起的以田野调

① 汤勤福著:《中国史学史 》,山西教育出版社,2001 年 02 月第 1 版,第 436 页。
② 李伯谦:《中国考古学历程》,2009 年 12 月 20 日清华大学讲稿。

查、发掘为特征的现代考古学就很快传入了中国。

也正是由于这个契机，山西考古伴随着国家考古事业而起步。自 1926 年以后，山西考古拉开了序幕，一直到现在，经过 80 多年的考古工作和学科建设，山西考古工作取得了非常优异的成绩，为探究山西文明乃至华夏文明足迹作出了不懈努力。

到目前为止，山西史前文化序列已初步建立；夏、商、周三代考古取得重要收获；对晋文化的源流、形成、特征、范围和演变也有了一定的研究和成果；秦汉以后的历代考古发现也是层出不穷，对研究北方民族融合、中外文化交流及社会生活、古代科技及文化艺术的演进都提供了极有价值的实物资料。这些成就的取得，构成了一部在山西省范围内以考古学资料为基本内容的源流分明、从未间断的人类产生、发展、交流和创造的历史①。山西考古以大量的文物资料证明了华夏文明的起源和发展，因而说"华夏文明看山西"。

纵观山西对文明的探究工作，从 20 世纪 20 年代到 21 世纪初，其间经历了三个阶段。

第一阶段是山西考古的起始阶段。这个阶段的整体发展在"中华民国"时期。起于 1926 年止于 1937 年。

在这个阶段中一个重要的考古内容就是 1926 年李济先生对山西西阴遗址进行的发掘，此次工作不但开启了山西考古的先河，而且西阴遗址发掘开创了多个第一：第一次由中国学者主持田野考古工作；第一次有计划的用探方发掘；第一次用三维坐标采集重要遗物；以最快的速度发表了发掘报告；在当时彩陶西来说盛行之时，提出怀疑；及时进行了形态分类统计和描述，是探索如何进行类型学研究的先驱等。西阴考古对中国考古学的发展具有方向性的作用。后来，在 1930 年，梁思永先生针对山西西阴遗址取得的成就撰写成《山西西阴村史前遗址的新

---

① 张庆捷：《山西考古的世纪回顾与展望》，《考古》2004 年第 4 期，第 3 页。

石器时代的陶器》一书，此事标志着中国人已能独立运用近代考古学的地层学和类型学理论对古文化遗址及资料进行调查发掘整理和研究①。

第二阶段是新中国建立到 20 世纪改革开放前。这个阶段从 1952 年山西首次开展文物普查工作起，止于 1980 年。此期间经历了"文化大革命"运动，考古工作陷于瘫痪达 10 年，一直到 1979 年山西省考古研究所的成立，考古工作重获新生。

上一阶段由于抗日战争全面爆发和 1945 年后三年内战，山西考古工作几近停止，到了新中国成立以后的 1952 年山西考古工作才开始步入正轨，在此第二阶段中，山西考古工作最大收获就是对丁村遗址、西侯度遗址、东下冯遗址、陶寺遗址、灵石商代墓葬、洪洞县坊堆、永凝堡墓地、侯马晋国遗址、长治分水岭墓地的发掘和对晋文化的发现和探索。

1954 年对襄汾丁村遗址的发掘拉开了中国对旧石器时代考古的序幕，遗址中发掘出大量石制品、3 枚人类牙齿和 27 种哺乳动物化石，这是第一次由中国人自己发现、自己发掘、自己研究的旧石器时代遗址，尤其是特别是以"三棱大尖状器"为代表的旧石器时代中期"丁村文化"，使人们见到了一种过去从未见过的石器文化类型，在中国旧石器考古学史上具有重要地位②。对建立我国旧石器时代文化序列有着十分重要的意义。

西侯度遗址位于芮城风陵渡，距今 180 万年，这个遗址不但是迄今所知中国境内最古老的一处文化遗址，而且也是世界范围内最古老的文化遗址之一③。西侯度为华北地区"大石器传统"文化，是大石器传统的开山之祖④。

1954 年还对山西洪洞坊堆遗址进行了发掘，遗址中出土了卜骨，其中一片刻有一条卜辞，共 8 个字，卜辞释文为"囗肉囗三止又疾贞。"这是西周甲骨文

① 张庆捷：《山西考古的世纪回顾与展望》，《考古》2004 年第 4 期，第 4 页。
② 宁立新：《山西五十年考古纵览》，《文物世界》1999 年第 4 期，第 7 页。
③ 杨秋梅著：《山西历史与文化》，三晋出版社，2008 年 12 月版，第 2 页。
④ 李元庆著：《三晋古文化源流》，山西古籍出版社，1997 年版，第 51 页。

在国内首次发现。

1957 年在洪洞永凝堡考古工作者发现了重要铜器 300 余件，其中在一件鼎器内壁有铭文 2 行 8 字："□□乍（作）父丁宝鼎□□"。簋一器内底有铭文："乍（作）永商彝殿。"从器物形制和纹饰来看，该墓文化特征与"天马——曲村"遗址西周时期的文化遗存完全一致。

1957 年山西文物部门对长治分水岭古墓群进行了有计划的发掘清理，出土了大批石器、青铜器、玉器、陶器、瓷器、琉璃器、铜器、铁器等数千件，其中有礼器、乐器、兵器、车马器、装饰器等珍贵文物。这批文物中，许多都是稀世珍品，如错金铜豆、铜犀立人擎盘、兽耳壶、提梁香、鸟柱盘、宜乘之朝戈、编钟等，充实了晋文化研究内容。

晋西北的考古工作从 20 世纪 50 年代起步，而且山西考古第一次使用科学方法进行发掘的同类型遗存就是从灵石县旌介村商代墓葬开始的。在墓中出土的大型青铜容器和商代晚期中原文化一致，然而出土的小件青铜器却和北方草原的鄂尔多斯青铜器相同，这是一处受商文化强烈影响而臣服于商的方国文化遗存。

1957 年 3~5 月，考古工作者在牛村与平望相继发现两座古城，并勘察这两座古城内的宫殿台基，认为侯马所发现的东周古城很可能就是晋之新田。特别是 1965 年 12 月，考古工作者在侯马又发现盟誓遗址，这即为著名的"侯马盟书"。由此遗址出土的许多玉石器上第一次发现东周文字，而且内容丰富，涉及政治、信仰、文化各方面，侯马铸铜遗址以其大面积的工作场所和精美绝伦、工艺巧致的陶范实物，为研究冶金铸造历史提供了十分重要的资料，盟誓遗址中出土盟书标本 5000 余片，反映了晋国晚期赵氏与范氏、中行氏尖锐斗争的历史及隐含在盟誓中的巫术因素①。这一发现将这一阶段的晋文化考古推向高潮。

---

① 宁立新：《山西五十年考古纵览》，《文物世界》1999 年第 4 期，第 8 页。

1974 年秋至 1979 年冬夏县东下冯遗址的发掘，是 10 年"文化大革命"中唯一进行的田野考古工作。在东下冯遗址中发现了世界上最早的瓷片，瓷器是我国在夏代就发明的日用品，14 世纪后制瓷技术才传到国外。东下冯遗址也为探索夏文化提供了重要资料。

1978 年在襄汾陶寺遗址展开大规模发掘。陶寺墓葬中随葬品数量和等级差异显著，说明阶级在这个时期已经出现贫富和阶级分化，特别引人注目的是墓中出土的鼍鼓、特磬、土鼓和彩绘龙盘，磬和鼓是配套的，演奏时可以和声，不能视为一般乐器，这是陈列于庙堂之上的高级乐器，这些具有"礼器"性质的器物，明显折射出"文明"曙光。它表明陶寺文化到了比红山文化后期更高一阶段的"方国"时代①。

这个阶段中，山西省的考古发现涵盖历史上各个时期，数量多，内涵丰富，价值高。奠定了"晋文化考古"这一重大学术课题的基础。促进了山西省考古学科的建设。考古学已成为重要的学科，在山西省社会科学领域占据了重要位置。

第三阶段从改革开放后一直到今天。也就是从 1980 年开始到 2010 年。在这30 年中，山西省考古学科发展壮大，新的考古学理论、方法不断出现，新发现成倍增加，旧石器时代发现的地点和遗址已达 300 余处，数量位列全国第一②。山西史前文化序列框架基本建立，考古研究向纵深展开。

在此阶段中山西考古取得的重要成就是太原赵卿墓的发掘、陶寺观象台的发现、枣园文化的确立、"天马—曲村"遗址、浮山桥北墓葬的发掘、侯马西高祭祀遗址的发掘等。另外汉、唐、明、清考古也取得了巨大成绩。

从 1984 年起，在翼城县北橄乡枣园村等地陆续发现前仰韶时期的遗址和遗

---

① 李元庆著：《晋学初集》，山西人民出版社，2003 年 11 月版，第 22 页。
② 张庆捷著：《山西考古的世纪回顾与展望》，《考古》2004 年第 4 期，第 7 页。

存，填补了山西省古代文化链条上的一个大缺环。尤其是太谷白燕遗址的遗存从仰韶晚期一直延续到夏商时期，序列完整，具有鲜明的北方文化特色。翼城北橄聚落考古研究、枣园前仰韶时期遗址的发现和研究以及太谷白燕遗址的考古，不但找到了庙底沟文化渊源，使悬置已久的半坡文化与庙底沟文化的关系问题迎刃而解，而且使陕、晋、豫地区仰韶时代的文化序列、谱系更加清晰，山西新石器时代文化研究出现突破性进展①。

1979 年对翼城和曲沃之间的"天马—曲村"遗址进行的调查和 1980 年至 2007 年十多次大规模发掘，遗迹有居住址、墓葬等，墓葬又可分为葬晋侯的"公墓"和葬贵族、庶人的"邦墓"，出土了大量随葬品。特别是晋侯墓地，有的铜器铭文中载有晋侯名字，它们是晋国西周中期到春秋初年九位国君的墓葬。这批资料的发现，为晋国始封地的争论画上了一个句号。而且对"夏商周断代工程"中"周代列王年代考订"课题的完成起了重要作用。如果把"天马—曲村"晋侯墓和侯马晋国遗址联系起来，从其年代序列来看，几乎囊括了晋文化发展的全过程，这样通过两个地方的考古就可以初步确立晋文化断代标尺。

1980 年开始山西对太谷白燕遗址进行发掘。该遗址文化内涵十分丰富，时间跨度也较大，发现有从仰韶到两周时期基本连续的文化遗存，其中新石器时代遗存是其重要组成部分，是目前认识晋中地区先秦时期古文化遗存最重要的发现之一。该遗址发掘期间还进行了以吕梁山一线为主的晋中地区考古调查，二者的收获可以相互对应和补充。

1988 在太原金胜村发掘的一座迄今保存最好，获得资料最为丰富的大型春秋晚期晋国赵卿墓葬和一座大型车马坑，是迄今为止等级高、规模大、随葬品最丰畜、资材最完整的晋国高级贵族墓。是 20 世纪 80 年代以来我国考古的重要收

---

① 宁立新：《山西五十年考古纵览》，《文物世界》1999 年第 4 期，第 7 页。

获。车马坑车辆种类齐全，保存完好，兵车呈双列排列，在国内亦属罕见①。它的发现，为研究晋及三家分晋前后的历史，提供了可靠证据。

襄汾陶寺遗址中的古观象台遗迹，形成于公元前 2100 年的原始社会末期，是迄今所知世界上最早的史前天文台，比目前世界上公认的英国巨石阵观测台还要早近 500 年。从而证实了《尧典》中观天授时的记载，对探讨中华文明起源和国家的形成具有重要意义。

在浮山桥北共发掘商、西周及春秋时期墓葬 31 座，其中大、中型墓 14 座，墓内有殉人、殉狗现象及多种随葬器物。根据遗物及墓葬形制推测，大型墓墓主应是商王朝辖下的方国首领，中型墓地墓主可能是王室子弟或要职官员，小型墓墓主人为西周与春秋时期的庶民。墓葬部分铜器中屡见带"先"字的铭文或族徽，表明是一处先氏（国）墓地，为研究商代方国文化提供了全新资料。

在侯马西高祭祀遗址共清理祭祀坑 733 座，出土物品 362 件。年代为春秋晚期至战国早期，疑为祭祀汾水之神——台骀。遗址出土遗物数量大，种类多，为侯马其他祭祀遗址所不及，特别是出土的各式玉器为研究晋国玉器及制作工艺提供了难得的实物资料。该遗址的发现对研究晋国宗教祭祀制度具有重要意义②。

纵观山西考古工作，从民国时期到改革开放前，基本上收获不大，从改革开放后，成绩斐然，建立了山西省史前文化序列框架，考古发掘和研究由点到面、由此到彼逐渐展开。对石器类型、环境变迁、农业产生、文明起源、国家形成、尧文化等问题或多或少地进行了专题研究；晋文化考古这一重大学术课题也被正式提出，成为山西省考古工作的重点。

---

① 山西省考古研究所编：《山西考古四十年》，山西人民出版社，1994 年 7 月版，第 175 页。
② 山西省文物局施联秀：《在第四个文化遗产日新闻发布会上的讲话》2009 年 12 月。

# 文明之生成

文明指人类在物质、精神和社会结构方面所达到的进步状态①。文明起源的实质是先进生产力对落后生产力的替代。文明起源以提高生产力、发展经济为前提，是氏族公社向国家形态的整体转变。文明起源的时限，应包括构成文明诸因素的孕育、发展，直到文明形成标志的最终到来。

## ● 动因

中国是世界四大文明古国之一，也是唯一文化没有断代的文明古国。在中国，出现文明之光的地方在黄河流域的黄土丘陵上。

可是有一个问题出现了。在文明没有出现以前的氏族社会，人们没有阶级没有压迫，为什么人们还要走向文明呢？也就是产生文明的动因是什么？是经济。

---

① 谭桂兰著：《市场经济与企业改革百题问答》，辽宁人民出版社，1993 年 02 月第 1 版，第 175 页。

在黄河流域的黄土高原上，距今 10000～8000 年时，中国人发明了小米和黄米的栽培技术，农业在这里出现①。农业产生标志着人类社会由攫取型经济向生产型经济转变；也标志着定居生活开始成为人类主导生活方式。在黄土高原上，人们在过渡到文明之前，是用"刀耕火种"的方法种植农作物的，后来随着生产力的提高，由于精耕细作而产生的相对稳定的经济，给越来越多的人带来稳定的生产生活方式，这样农业人口越来越多，早期社会形态也在悄悄发生着变化。

由于耕种土地的出现，定居生活成为可能，同时也容易造成财富积聚，部落首领自然成为这些财富的先天法人。为了保护自己的劳动成果，巩固自己的权力和地位，首领带领他的成员又设立了军队、监狱，国家机构也就出现了。最后，随着财产成为提高自我的唯一手段，逐渐形成一系列新的社会准则。这个准则就是为治理国家而产生的约束人们行为的法则。而准则的传承则需要文字来完成。

每个部落有了相对固定的地域，为了管理需要有部落的政治组织，国家的建立也就成了各部落发展的必然趋势②。但是，这种"各部落发展的必然趋势"具体在什么时间、什么地点、什么外部因素直接刺激下而成为现实？这还需要从洪水说起。

在黄河流域这块极富挑战性的原野上，华夏族先民在这里生息繁衍。至尧、舜时期（公元前 21 世纪），黄河中下游地区灾害频繁，连续发生严重的旱涝灾害。《淮南子·本经训》记载："尧之时，十日并出，焦禾稼，杀草木，而民无所食。"酷热干旱的灾害（大旱灾）之后，接着又发生了特大洪水灾害。洪水灾害给先民的农业生产带来了几乎毁灭性地打击③。

---

① 王仁湘著：《往古的滋味：中国饮食的历史与文化》，山东画报出版社，2006 年 04 月第 1 版，第 276 页。
② 沈坚著：《文明的历程》，浙江大学出版社，2006 年 5 月版，第 13 页。
③ 赵玉田著：《文明、灾荒与贫困的一种生成机制：历史现象的环境视角》，吉林人民出版社，2009 年 01 月第 1 版，第 65 页。

在这里需要说明一个问题，当时，先民还没有发明出来水井，生活被限制在河流附近，冬春水小，夏秋水大，先民根据经验可以看出夏秋时洪水对他们的威胁总有一个超不过的界限，在这个界限以外就是他们居住地，在这里他们经过多年的经营后认为可以安安生生地生活一辈子了，不料若干年后，气候突然变迁，雨量增加，山水大来，湖泊和河水的涨溢超出了前几十年或几百年的界线，他们的住所被冲垮，生活用具被冲没①。

面对洪水对生存的压力，抗洪成为尧舜时关乎部族存亡的第一要务。当时就社会组织状况而言，部落联盟是这一时期的社会最高组织形式，首领、军事领袖和宗教祭司等组成的管理机构，负责处理日常的共同事务，重大事件由部落联盟大会共同决定②。

为了有效地改造自然、抗击洪水，尧和舜不得不把改造自然条件与改造自我社会组织形式同时进行，以求获取最大的生存效用。

也有的学者说，可以迁徙。过去地多人少，不怕没有地方。对于现代人来讲这或许是个容易的事，而在原始社会，重建家园除所需要的生活器具来之不易之外，更重要的是冬春水落，常常仍回到原来的界线，又遇取水困难问题。再则，他们的耕地离他们住所不能太远，太远了就会受到乔木森林的包围，在当时人们对付草木所使用的工具是石头和火，火虽然能清除草木但不能除去根株，而用石头除去草木又非一时之功，因而想要改换当时的居住地和耕地的位置实则是一件几乎无法克服的困难③。

这样黄河流域的先民们只有在部落集团组织的带领下，共同抗击洪水，治理家园。为此以尧、舜、禹为主的华夏集团还建立起一套强有力的治水应急机构及

① 徐旭生著：《中国古史的传说时代》，文物出版社，1985年10月版，第130页。
② 王宇信：《谈部落联盟机关蜕化出的"公共权力"与早期国家的形成》，《史学月刊》1992年第6期。
③ 徐旭生著：《中国古史的传说时代》，文物出版社，1985年10月版，第131页。

相关人员组织调动制度。

通过治水活动，可以使一个社会组织的上层建筑增强凝聚力，加强了不同地区的交往与合作，影响了生产的分工与协作，导致了社会生活方式的巨大变迁。在洪灾面前，原有的程序化、制度化的管理方式失灵，更多依靠个人的智慧和胆识，原来处于社会组织"中心"地位、具有较高威望的个人在这时有了成为统治上层的机遇①。

总之，通过治水活动，华夏部落联盟最终确立了新的部落联合体——政治集团。大禹夺取舜的领导权，并将治水时期的领导方式与社会管理制度日常化、程序化，将联盟管理机关变为与民众相对立的公共权力机关，正式建立了夏王朝，并在他统治的疆域划分二级行政区域——九州，黄河流域的早期国家形成了②。

随着国家的出现、生产力的提高，导致经济、科技发展。制陶业出现空前繁荣，促使瓷器的发明成为可能。冶金术在这个时候也有了技术上的革命，出现了铸造法。文字也成为治理国家、人们交往、技术传承等必不可缺的工具。

"距今 5000 至 4000 年的地理环境造就了黄河文明，并不是黄河中下游的人们比其他地区的人更加聪明，而是其地理环境的气候、土壤、地貌条件所决定了的。"③ 文明的曙光在这里将冉冉升起。

## ● 标志

恩格斯说："国家是文明社会的概括。"④ 国家又是阶级矛盾不可调和的产

---

① 贾征、张乾元合著：《水利社会学论纲》，武汉水利电力大学出版社，2000 年 6 月版，第 168 页。
② 马克思、恩格斯：《马克思、恩格斯选集》第 4 卷，人民出版社，1972 年版，第 166、167 页。
③ 蓝勇著：《中国历史地理学》，高等教育出版社，2005 年版，第 42 页。
④ 马克思、恩格斯：《马克思恩格斯选集》第 4 卷，人民出版社，1972 年版，第 172 页。

物，阶级、国家自然是文明时代的特征和标志，但是人类进入文明时代在物质方面的标志是什么呢？

摩尔根认为文字的发明和使用应作为文明时代开始的标志①，英国著名考古学家柴尔德则认为城市出现是文明开始的标志。他给城市生活开列了多项标准，包括城市规模、城市中心的宗教建筑、文字与记数系统，以及税收、历法等②。

在我国学术界以夏鼐先生对商代殷墟文化"具有都市、文字和青铜器三个要素"的描述为标准，认为中国文明的标志是"城市、文字和青铜冶炼"三个要素③。

但这三个要素不是世界文明形成的标志，由于历史的、环境的和文化的等原因，世界上各个民族进入文明时代的标志并不一样。

比如文字，成熟文字是因国家出现后，由于公共事务管理中对文书的迫切需要而产生的。她不但是一种社会文化现象，而且是记录语言的书写符号，因此说，文字是文明形成的主要标志之一。

从目前中国考古发现的资料来看，最早的、真正的、成熟的文字，是河南登丰王城岗城址中出土的陶器上的刻划文字。该文字形体结构与甲骨文及西周金文"共"字相似，系左右结构，像左右两手各拿一权杖，当是一会意字，其绝对年代为4000年前，相当于夏代初期，而王城岗遗址很有可能就是"禹都阳城"。因此王城岗遗址中发现的文字是我国在夏代就有了成熟文字并已经进入文明时代的有力证据④。无独有偶，在山西襄汾陶寺遗址中发现了一个写字的陶扁壶。经考古学家和文字学家考证上面的文字为"尧文"两个字⑤，而且是用毛笔书写的，文字非常成熟，陶寺遗址下限已经进入夏文化。

① 摩尔根：《古代社会》上册，商务印书馆，1977年版。
② V. G. Childe：《The Urban Revolution》, The Town lanning Review 21, No. 1, 3, 1950。
③ 夏鼐著：《中国文明的起源》，文物出版社，1985年版，第81页。
④ 李先登著：《夏商周青铜文明探研》，科学出版社，2001年9月版，第5页。
⑤ 杨秋梅著：《山西历史与文化》，三晋出版社，2008年12月版，第13页。

但如果把文字的发明和使用单独作为判断一个文明是否诞生的标志那就会把世界上大多数文明古国排除在外。比如南美洲秘鲁的印加文明，虽然它已经建立了国家，但却没有文字使用。而中美的文字也主要是用于历法，它显然与平常意义上的文字使用有着明显不同。我们之所以把文字发明和使用作为一个标志，原因在于大多数民族的历史表明，文字是生产力高度发达从而产生了一种专门从事文字发明和文字使用的这样一个集团，而且在大多数情况下，国家与文字几乎是同时出现的①。

又如青铜器。中国古代青铜器种类繁多，其中青铜礼器十分发达。青铜礼器是古代用于祭祀、宴享等礼仪活动的重要日用容器。容器铸造要比工具铸造复杂，它必需使用包括内模外范的多合体。这也是青铜铸造技术发展成熟、青铜业真正出现的标志。众所周知，中国古代社会是在青铜时代进入阶级社会、进入文明时代的。因而青铜礼器的出现也就成为中国古代社会进入文明时代的标志②。

然而在欧洲，青铜出现得非常晚，甚至到了铁器时代，人们还过着野蛮人的生活。美洲的玛雅文明也是类似的情况，物质基础也是石器工艺而非青铜器铸造。正因如此，西方学者一般不把青铜器的铸造作为文明时代开始的标志③。

再说城市，城市是人类生活聚落的发展形态，是社会的政治、经济、文化中心，在社会生活中居主导地位。从目前中国考古资料看，我国发现的时代最早的城址是登丰王城岗城址。王城岗使用的年代为距今 4000 年左右，约相当于夏代初期。城市的出现，不是原始社会公有制的体现，而是阶级社会阶级压迫的反映，是国家形成的物质表现，所以城市的出现是中国古代社会进入文明时代的标

---

① 陈星灿：《文明诸因素的起源与文明时代——兼论红山文化还没有进入文明时代》，《考古》1987 年第 5 期。
② 李先登著：《夏商周青铜文明探研》，科学出版社，2001 年 9 月版，第 5 页。
③ 陈星灿：《文明诸因素的起源与文明时代——兼论红山文化还没有进入文明时代》，《考古》1987 年第 5 期。

志之一①。

城市作为文明时代的象征，并不是每一个民族都具备的。比如玛雅文明、高棉文明、麦锡尼文明以及十八王朝以前的埃及文明，它们虽已具备了文明时代其他几个方面的特征，但却没有城市出现。世界上许多建立在马背上的游牧民族的国家政权，逐水草而居，四处征战，虽然建立了强大的国家机器，也仍是无任何城市而言②。

综上所述，文明的产生是一个十分复杂的问题，因而文明形成的标志也不是统一的模式。任何一个地区的任何一个文化，单单因为具有了某一个文明因素是不可能称其为文明社会或进入了文明时代的。

了解文明的起源和标志不是一蹴而就的，因而在探讨文明时还必须弄清文明标志以外的文明因素，比如，陶器的发明，瓷器的发明，服饰，玉器，等等。尤其是人工取火，没有火人类进入文明时代那是万万不可能的。鉴于学术研究和目前中国通行的看法，我们把"城市、文字、青铜器"作为中国文明形成的标志，而其余的诸如陶瓷器、农业、石器、火等作为文明形成的"基因"。

而对山西乃至中国而言，文明的诸因素除了文字、城市和青铜冶炼外，还应该对石器、木器、骨器、火的发明、玉器、服饰、礼仪中心、制度等有所了解。其中文字、城市、青铜冶炼是文明形成的标志即必要条件，而其他诸因素是文明形成的充分条件。除阶级、阶层外，礼制的产生是中国与其他文明古国最大的差异。

如果把人类对世界的认识分为五类：木、金、水、火、土，其中"石"可以暂且划分到金类，那么，在距今180万年前的西侯度人已经掌握了认识世界的五种属性了。石器是人类认识世界的第一件工具；水是人类生命中不可缺少的食

① 李先登著：《夏商周青铜文明探研》，科学出版社，2001年9月版，第6页。
② 陈星灿：《文明诸因素的起源与文明时代——兼论红山文化还没有进入文明时代》，《考古》1987年第5期。

物；土是人类出生后第一次踏上地球而接触的事物，土是生命之源；木是人类向大自然索取的最慷慨的赐予物；火是人类改变世界的法宝。五种属性之间，相互作用，促进人类向文明之门前进。

## ● 地位

山西是华夏文明的发祥地之一。从距今180万年前的西侯度文化到距今70万年前的匼河文化，后续10万年前的丁村文化、许家窑文化，再到柿子滩文化、峙峪文化、下川文化，这一百七八十万年间山西大地上产生了丰厚的原始文化。山西不仅以孕育我们最早祖先而成为人类的摇篮之一，而且也是当时人类生活、繁衍的最佳栖息地。

山西以其优越的地理位置和产生的文明诸因素，弥补了中国文明的不足，特殊的环境产生了特殊的文化，这一切或能通过与其他文明的比较中显现出来。

山西文明内容十分浩瀚，从简陋石器、木器到精湛玉器、青铜器；从甚小的粟培植到高大的建筑群；从物质文明到精神文明，无处不在透射着文明光芒。而其中世界上最早的用火记录、"大石片"、瓷片、中国最早的空首布、票号等曾极大地促进了中国文明历史进程，其他如山西古代建筑、饮食、服饰等无不体现着中国物质生活的精致。

尤其是龙山时代的陶寺文化，更是体现了华夏文明的曙光在这里冉冉升起。

陶寺文化分布于晋南地区的汾河下游及其支流浍河流域。在该地区现已发现陶寺文化遗址面积达300多万平方米。在这里发现了陶寺文化早期和中期的城址、成熟的文字、青铜冶炼以及大量反映时代信息的遗物和遗迹。

陶寺城址中不但有宫殿区和仓储区，而且城内有宗教祭祀区和贵族墓地。在宗教祭祀区内还发现一处我国最早的观象台①。

陶寺墓葬中大型墓数量极少，但规模大，随葬品特别多，包括龙盘、鼍鼓、特磬、土鼓、彩绘木案、玉器等，其中的特磬、鼍鼓、土鼓、龙盘、玉钺等，已是非实用器，而具有礼器的性质。从中能看出从陶寺文化早期起，私有制已经确立，阶级对立已十分明显，氏族成员平等分配产品的原则已被破坏。

此外陶寺遗址还出土了铜铃、文字等文明标志因素。

而纵观史前其他文化遗址，都不具备或不同时具备这些文明基因。

红山文化是目前认为最具有说服力的中国文明产生的源头。红山文化是距今五六千年间一个在燕山以北、大凌河与西辽河上游流域活动的部落集团创造的农业文化。红山文化经历了漫长的发生发展过程，延续时间达 2000 年之久②。当时磨制石器与打制石器、细石器共存，虽然农业经济已占主导地位，但也说明采集与渔猎经济尚有不少的遗存。在这样的生产力水平上，要进入文明时代是难以想象的。从积石冢的随葬品看，虽然有的随葬玉器多达 5 件，有的什么也没有，但是从总体看，这可能还是一次葬与二次葬的差别，并不能说明当时已经出现了阶级分化。虽然发现相当多的冶铜用坩埚残片，说明冶铜业已经产生，但无一件青铜器遗物。红山文化中无城市发现，更无文字发明和使用，因此，它不具备文明时代特征。

黄河流域下游的大汶口文化也是比较突出的一类文化，大汶口文化是新石器时代后期父系氏族社会的典型文化形态。距今六七千年，以泰山地区为中心，东起黄海之滨，西到鲁西平原东部，北至渤海南岸，南及今江苏淮北一带，安徽和河南省也有少部分这类遗存的发现。大汶口遗址内涵丰富，有墓葬、房址、窖坑、陶器等。其中出土的骨针磨制之精细，几可与现代钢针相媲美。墓葬以仰卧

① 山西省考古研究所编：《山西考古四十年》，山西人民出版社，1994 年 7 月版，第 100 页。
② 安金槐著：《中国考古》，上海古籍出版社，1997 年 11 月版，第 162～165 页。

文
明
之
生
成

伸直葬为主，随葬猪头、猪骨以象征财富①。随葬品的悬殊，反映了社会上贫富悬殊日趋严重。另外还出土了图画文字。从大汶口整体上看，还不具备文明产生的条件。虽然也有了贫富分化，有了象形文字，但大汶口文化中没有城池、没有金属冶炼——青铜技术，文字也仅是符号而已。

长江流域的良渚文化和河姆渡文化可以代表中国文明南方的主要成就，然而要和陶寺相比，又要逊色多了。

良渚文化主要分布在太湖地区及其南部杭嘉湖地区，距今 5300～4000 年。经半个多世纪的考古调查和发掘，初步查明良渚文化遗址群是一处新石器时代晚期的遗址群，总面积约 34 平方公里。遗址群中分布有村落、墓地、祭坛等各种遗存。

良渚文化中造型丰富多彩的玉器特别是玉制礼器，是良渚文化的一个显著特点，良渚文化中玉璧和玉琮是典型的玉制礼器。而能享有这种玉礼器的人，在社会上是有特殊地位的，这就反映了阶级社会正在产生或处于前夕。良渚文化还有发达的农业，已经饲养家蚕，出现丝麻织品和相当进步的竹编工艺，良渚文化的玉璧上也有符号文字。这些都说明了当时的江南地区已成为我国新石器时代中比较先进的地区之一。

但从其出土物和墓葬类型看，良渚文化时阶级还没出现，更没有青铜器，只能说是文明的前夜而已。

河姆渡文化主要分布在杭州湾南岸的宁（波）绍（兴）平原，并越海东达舟山岛。遗址中出土有最早的水稻遗物、干栏式建筑的遗迹、最早的漆器、水井等文明因素，遗址中的陶器主要以夹炭黑陶和夹砂红陶、红灰陶为主，其中，黑陶是新石器时代的巅峰之作。干栏式建筑是中国长江以南地区新石器时代以来的重要建筑形式之一，目前以河姆渡发现的为最早。除干栏式建筑外，早期稍后，

---

① 安金槐著：《中国考古》，上海古籍出版社，1997 年 11 月版，第 115～117 页。

文明的见证

还出现一种立柱式地面建筑，在柱洞底部垫放木板作为基础，有的则是填塞红烧土块、黏土和碎陶片等，填实加固形成臼状柱础，中间立木柱[①]。

但从河姆渡出土物看既无文字、又无青铜器，更无城市出现，就谈不上文明之光了。

文明是社会的结晶，社会是历史的寒暑表与脚步声。而从科学意义上作考察，人类社会有文字以前的一切历史都必然和必须是经过考古佐证的文化与文明的产物。陶寺文化以自己独有的特色，不仅证明了山西是中华民族最重要的根祖之源，而且也证明了中华文明是世界上唯一续延至今的最古老和最优秀的人类文明。

除了陶寺以外，山西旧石器时代文化对探索华夏文明之源也起到了重要作用。

西侯度是目前中国发现的最早的旧石器早期遗址，也是世界上最早使用火的记录和大石片的开山之祖。

丁村文化以翔实的物证论证了中国人非外来说，补缺了旧石器时代中期的链条。

柿子滩的岩画、峙峪的复合工具、下川的细石器、牛鼻子湾的磨盘、陶寺的古城与观象台、东下冯的瓷片、侯马新田遗址、侯马盟书等，无一不是中华文明发展史上的明珠。因而我们可以自豪地说"华夏文明看山西"。

---

① 参考文物出版社主编：《新中国考古五十年》，1999 年 9 月版，第 169~173 页。

# 文明之滥觞

## ● 木与石的传说

"有一个美丽的传说，精美的石头会唱歌"这个会唱歌的石头名字叫"木鱼石"，木鱼石是中国有名的矿产，是一种珍贵的玉石石材，其产地仅限于泰山山脉西侧，其色、纹、声酷似和尚诵经敲打的木鱼。中国人对石头的喜爱由来已久，古时就有女娲补天用五彩石[1]；轩辕、神农、赫胥之时以石为兵[2]；文明时代的石碑、石狮、石工艺品等，可以说石头成了中国人生活中不可或缺的用物。那么中国人第一次用的石头在哪？它是个什么样的器物？

山西运城芮城县西侯度村位于黄河中游拐弯的地方，1959 年在这个小村庄

---

① 温长路著：《健康长寿与成语典故》，中医古籍出版社，2004 年 08 月第 1 版，第 29 页。
② 易漫白著：《考古学概论》，湖南教育出版社，1985 年 02 月第 1 版，第 41 页。

发现了人类最早使用的旧石器，名字叫"石斧"①。西侯度文化距今大约180万年，在此不但出土了人工打制的石器，而且发现有被火烧过的兽骨。

西侯度石斧（图4）是世界上最早用石片加工技术的标志，从而说明了西侯度人是使用大石器的开山之祖②。西侯度人所制造的石斧是人从类人猿变成类猿人后所制造的目前能见到的第一件人工制品。尽管从人认识世界的那一刻起很可能不是石头，也许是木头，因为

图4　石斧

木头更便于人类抓握去狩猎和自卫，但由于木制工具不容易保存，目前也没有见到过石器时代的木器，因而石器成为研究旧石器时代的重要载体。虽然木制工具不易保存，但却不能否认它的存在，古籍上有好多关于对木材的描写。"神农时断树木为宫室，至黄帝时，伐树木为宫室"③，上古先民构木为巢，穴居野处，晋代葛洪在其《抱朴子·讥惑》中说："上圣悼混然之甚陋，愍巢穴之可鄙，故构栋宇以去鸟兽之群，制礼数以异等威之品。"这说明旧石器时代的木制品虽然没有留下来，但用木制做工具肯定是不容怀疑的。

从西侯度人发明的旧石器看，除了用作切割食物外，刮削器的另一个重要用途就是对木器和骨器的加工。因而，在西侯度时期，中国人已经产生了石器、木器和骨器加工业。

但并不是所有的石头都可以制作成工具。人类在与石头打交道的几百万年中已经非常熟习的掌握了石头属性。作为石器的石头首先要有硬度，但硬度也不能

① 西侯度人已开始用石片加工制造工具，从发掘的器物看有"刮削器、砍砸器和三棱大尖状器"，"刮削器、砍砸器"也就是相当于我们后来用铁制作的斧头，因而我们称"刮削器、砍砸器"为石斧。
② 李元庆著：《三晋古文化源流》，山西古籍出版社，1997年版，第51页。
③ 裴大洋著：《中国哲学史便览》，青海人民出版社，1988年06月第1版，第567页。

太大，不是说越硬的石头越好，太硬的石头很难加工成自己所要的样子。硬度也不能太软、太软的石头虽然很容易制作成自己所需的形状，可是使用起来效果就要打折扣了。根据对旧石器的研究统计，大部分旧石器硬度都为6、7度①。

西侯度人利用手中的石斧，披荆斩棘，去征服大自然。如果说劳动创造了人本身，那么西侯度石斧就是改变人本身的工具，也就是创造人的劳动。

劳动使得人和动物发生了根本的区别，而这样的劳动正是由于有了能善于劳动的双手，"正是在这里我们看到：在甚至和人类相似的猿类的不发达的手和经过几十万年的劳动而高度完善化的人手之间，有多么巨大的差别。骨节筋肉的数目和一般排列，在两种手中是相同的，然而即使最低级的野蛮人的手，也能做几百种为任何猿手所模仿不了的动作。没有一只猿手曾经制造过哪怕是最粗笨的石刀"。人的手和人本身的诞生，从某种意义来讲，是同时出现或同时被"人"自己在劳动的实践活动中创造出来的。因此，人的"手"被创造出来同"工具"被手创造出来也几乎是同时发展的②。

文
明
的
见
证

**图5 石片**

纵观世界旧石器时代的遗址，大部分都有石斧的影子。手斧在世界上分布的面积很广，特别是在欧洲各地多有发现，在南非、东非和北非也相当丰富，此外在巴基斯坦及其临近地带和印度南部也都有发现。欧洲考古学家步日耶（A·Breuil）将欧洲旧石器早期的旧石器分为两类，一类为手斧文化，另一类为石片（图5）文化，但从另一个角度看，石片也是斧的一种。

---

① 地质学家把各类岩石硬度划分为：滑石1，石膏2，方解石3，萤石4，磷灰石5，长石6，石英7，黄玉8，刚玉9，金刚石10。
② 蔡子谔著：《中国服饰美学史》，河北美术出版社，2001年10月第1版，第44页。

欧洲石斧主要用的是一种火石结核打制而成。制造方法是将一块火石结核沿着两侧边缘交互打击成为一端尖锐、一端钝厚的扁桃形的器物。这一时期手斧都相当巨大，一般可达 10～20 厘米长。

欧洲石斧和中国石斧的制作方法大致相同，器身多不完全修整，常常保留一部分天然石面，手斧边缘修整的不整齐，一般是一侧边缘锋利而另一侧边缘比较纯厚，证明当时人们对于打击技术还不熟练；同时由剥落石片所产生的疤痕也多是短而深的，又可以证明是用石锤（图6）来修整的①。

图6　石锤

从猿类脱胎而来的人类，选择了石器来作为最强大的工具。这是因为，只有石器具有这个时期最强大的力量。

人类是幸运的，当人类诞生的时候，已经有了一个万物俱备的大自然，人类能够在这个大自然中进行充分的选择。选择的结果，是那些具有强硬力量的木、竹、骨、石成为最主要的工具。而在木、竹、骨、石之中，又以石的坚与硬为最，石的力量成为这个时代的象征。石斧的出现终于让人类告别了猿猴时代。在从成长期到第一繁荣期的漫长过程中，石、骨、角制作的各种器物的外形无数次地给人以感受，逐渐地加强了人们对外形式的理解和重视。几百万年特别是后十几万年的千万次重复，器物外形的尖、薄、光滑以及三角形、圆形、球形、锥形等样式，不仅为人们所熟悉，并比较稳定地储存、积蓄在人们头脑中，而且，一代比一代更加明确、更加丰富地继承下来。然而，石器的力量是有局限性的，它很容易得到，却不容易加工，更难以制作成精良的工具。这一切，都使得石器工

---

① 贾兰坡著：《旧石器文化》，文物出版社，1957 年 12 月版，第 46 页。

具的工作效率很低，人类在漫长的岁月中艰难地前行，等待着另一种材质工具的出现——金属工具。

## ● 圣火

图 7　西侯度用火遗物（复原）

西侯度人除了是我国的石片开山之祖外，还是目前已知的世界上最早使用火（图 7）的记录，这个发现把人类用火的历史推到距今 180 万年前。

对火的认识和利用是人类在征服大自然时的一件法宝。火的作用在人类形成之初即直立人转变为早期智人阶段显得异常重要。因为火的第一个表象就是可以调节温度，第二个可以熟食。火的这两个属性使人类从本质上改变了世界，改变了自己。

在人类产生的那天起，地球上的气候就不断发生着变化。距今 240 万~220 万年之间为第四纪早期的一次冰期，距今 230 万~180 万年为升温期，距今 170 万~120 万年之间是一个降温期，距今 120 万~90 万年之间气候又变暖，随后到距今 70 万年前全球进入冰期气候，气候变得特别干冷。距今 70 万~50 万年之间，气候从上一阶段的冰期中恢复过来，华北地区乔木花粉迅速增长，阔叶、落叶树木大量出现，距今 50 万~20 万年之间，气候仍然保持温暖湿润，距今 20 万~14 万年之间，全球气候又进入一个冰期，距今 14 万~7.5 万年之间属于末次间冰期到间冰期向水期过渡阶段，从距今 7.5 万年开始进入末冰期，距今 7.5 万~5.3 万年为大于冰阶，从 5.3 万~2.3 万年又进入一个温暖期，从距今 2.3 万~1.3 万年是末次冰期的极盛期，这一时期是山西细石器文化大发展时期，从距今 1.3 万~1 万年，末次冰期结束，乔木花粉又出现，气候逐渐变暖，人类文化也将进入另一个发展阶段①。

从以上气候发展变化看，当时对人类最大的威胁就是寒冷的气候，温暖时威胁不大，而每当进入冰期时这个问题就严重了，对于进化后的人来讲身上已经没有了厚厚的皮毛，如果没有外部条件的支持，刚刚从猿变成人的人类怕就要消失了。在这个气候更替变化的时代，西侯度人为了生存和发展，利用天然火，通过劳动一步一步走向文明。

火对我们来说简直是最普通不过了，而且我们的生活中无时无刻离不开火，吃饭、睡觉、居住、出行，到处都是火的影子。在古代人们使用火的第一个目的却不是熟食，而是御寒。在数百万年的时间里，古人类茹毛饮血、活剥生吞，晚上只能躲在岩洞里，缩成一团，渡过那漫漫长夜。冬季来临，对他们来说，是真正的雪上加霜，食物减少、寒风刺骨，可能很多人都是在冬季中死去。人们多么希望有一种东西，既可以驱去寒意，又能带来光明，甚至还能抵御野兽，加工食物。

在人们没有发明火以前，火是以自然现象而出现的，比如，火山爆发后产生的火；闪电后被电击而燃烧的火；由于天气干燥而自燃的火。当人们靠近这些自然火源时，首先感觉到的是"热"、"暖"而不是想到熟食。那么在冰期到来时的人们自然而然地就会想到保存火种以取暖。后来在长期认识火的过程中，人们会发现有没来得及逃跑而被火烧熟的小动物，顺手牵羊而食之，味道还不错，于是学会了熟食。但刚开始时人类在旧石器时代早期使用的还是天然火，人类不知道如何产生火，只知保存火，大约在10万年前，我们祖先方学会利用干枯木柴长时间互相摩擦，产生火种。这是一个巨大的飞跃。恩格斯在谈到摩擦生火时指出："摩擦生火在其解放世界人类的作用上，甚至还是超过蒸汽机的。因为摩擦生火第一次使人支配了自然力，从而最终把人从动物界分离出来。"说明火使人

_____

① 山西省考古所编：《山西考古四十年》，山西人民出版社，1994年7月版，第44～47页。

类从直立人变成了智人。火和草木燃料的利用，大大加速了人类进化的过程。随着生产力的提高，社会加速发展，人们学会了用火来冶炼矿石、制取青铜器和铁器；用火来烧制陶瓷器。青铜和铁制工具代替了石器，人类历史由石器时代进入铜器时代、铁器时代①。

在火没有诞生之前，先民们只能过原始的、禽兽一般的生活。所谓"民食果蓏蚌蛤，腥臊恶臭而伤害腹胃，民多疾病"、"食草木之食，鸟兽之肉，饮其血，茹其毛"。在人类能够熟练使用火进行后，人类的饮食便发生了天翻地覆的变化，就是所谓的"炮生为熟，令人无腹疾，有异于禽兽"②。

火的使用，是人类技术史上一项伟大发明。有了火，人们才能从"茹毛饮血"的生食变为熟食，使食物范围扩大，对人的大脑和体质的发展有着重要意义。火给人们亮光和温暖，可以用来防止野兽的侵袭，又能用来猎取野兽。

目前在山西西侯度发现了最早的用火外，山西其他旧石器时代用火的遗迹还有丁村遗迹、柿子滩遗迹等，西侯度人用火比北京人用火的时间提前了100多万年；而目前已知的世界上除中国外的其他地区用火最早的是非洲肯尼亚的切萨瓦尼亚，其年代约为距今142万年前；欧洲就更晚了，欧洲目前发现最早的用火遗迹是法国马赛的埃斯卡尔洞穴，距今75万年前③。

最早的人工取火方法是摩擦起火。我们祖先经常看到敲击石块有时会迸出火花，钻木、锯木、刮木时木头会发热，甚至产生烟火。这些现象重复无数次，人们便逐渐受到启示，懂得了摩擦和起火之间的因果关系，从而发明了摩擦取火技术。《韩非子·五蠹》中关于远古时期人们"钻燧取火（图8），以化腥臊"的记载，《庄子·外物》中"木与木相摩则燃"的描述，都反映了早期人工取火的

---

① 储嘉康著：《从钻木取火到热核反应》，黑龙江人民出版社，1978年09月第1版，第3页。
② 陈启天编：《韩非子校释》，台湾商务出版社，1940年03月版，第30页。
③ 吴于廑著：《世界史·古代史编（上卷）》，高等教育出版社，1994年5月，第6页。

情形。

人类发明了人工取火，不但使人类生活得到改善，更使人类脱离了气候及地域束缚，因为他们再不受火种必须在一定的地方——能避风雨的地方长期保留的限制了。这一划时代的发明，用恩格斯的话来讲："在人类的曙光时代，人发现怎样把机械的运动，转成为热，

图8　钻燧取火（模拟）

摩擦生火；因为摩擦所生之火，首先使人能够支配某种自然力，而最后与动物界相脱离。"[①]猿人用火，是人类历史上的一面里程碑。因为人类用火之后，就控制着一个强大的物质力量。这个强大的力量——火，使形成中的人逐渐确定了"人性"，创造了自己。

学会使用火，不仅是多了一门生产工具，可以用火避寒、驱赶野兽，木制工具或骨制工具经过火的烘烤硬度提高。更重要的是人们可以熟食，从食物中提取的营养更多，智力更发达，身体也更强壮了。

自从人们掌握了取火技术后，人们便尝试着用火去烧其他的东西。用火烧木头，火就更旺了；用火去烧土尤其是泥土，土就变硬了，这才有了后面陶器的发明；用火去烧石头，石头就变成石灰了，这才有了建筑用的主要材料——石灰浆；用火去烧金属，金属就变成液体了，这才有了青铜的冶炼；用火去烧水，水就沸了。然而不可否认的是，火使人类告别了黑暗，火把人类带向文明的门槛是越来越近了。

---

① 恩格斯著：《反杜林论》，人民出版社，2009年12月版，第137页。

## ●"三大"和"三小"

"三大"指的是"大石片（图9）、大砍砸器（图10）、三棱大尖状器"（图11），"三小"指的是"精致刮削器（图12）、小尖状器（图13）、雕刻器（图14）"。

图9　大石片

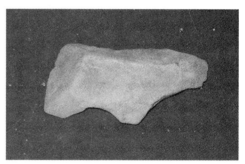

图10　大砍砸器

图11　大尖状器

图12　精致刮削器

图 13　小尖状器　　　　　　　　　　图 14　雕刻器

　　山西旧石器时代文化遗存基本上有两种不同的风格。一种是以"三大"为主体的晋南旧石器时代遗址，主要分布于汾河流域。另一种是以"三小"为主的晋北旧石器时代遗址，主要分布于桑干河流域。它们代表了山西两种平行发展的远古文化。

　　汾河流域的丁村文化是"三大"旧石器的代表，丁村石器以石片石器为主，大部分石片均有使用痕迹，很少进行第二步加工，多以碰砧法制成。石器类型有砍砸器、刮削器、尖状器和石球等，其中厚三棱尖状器为其所特有①。丁村石器类型比较明显，有些尖状器修整得较平整，部分石片较规则等，表现了丁村石器的进步性。但以单面加工为主，尖状器数量较大，而且保持着旧石器时代初期文化的特点，与陕西蓝田文化和匼河文化有较密切的关系。

　　桑干河流域的许家窑是"三小"旧石器的代表，也是中国旧石器时代中期的一种人类文化。石器中有柱状石核，石片工具中有刮削器、尖状器等，还有大量打制较好的石球以及烧骨和骨器、角器等②。许家窑石器具有细石器文化先驱

①　山西省考古研究所编：《山西考古四十年》，山西人民出版社，1994 年 7 月，第 6 页。

②　山西省考古研究所编：《山西考古四十年》，山西人民出版社，1994 年 7 月，第 20 页。

的属性，对研究分布于中国北部及西伯利亚的细石器文化的起源有重要意义。目前许家窑遗址是中国旧石器时代中期内容最丰富的文化遗址。

"三大"和"三小"石器中虽然都有共性——砍砸器、尖状器和石球，但丁村文化从匼河文化发展而来，而许家窑文化从北京周口店文化发展而来，这两个文化的碰撞和融合在龙山时代。

"三大"旧石器和"三小"旧石器说明了在山西境内古代文化产生的多元化。文化有时是传播的，但更多的是独立发展的。

传播论的观点主张人类文化是由于传播的结果，而不是多元的。在文化人类学发展史上，传播论派形成于20世纪初，他们明确主张各个社会群体一切相同或相似的文化特质都是从一个源头传播开去，或者说成是借用的结果。认为一些最早的文化是从原点慢慢扩散出去，跨越空间，活像涟漪一圈又一圈地推动一样，文化终于传播到世界各地。不论地理远近，只要发现双方的文化相类似，都可以作为文化传播或采借的例证。换句话讲，各民族群体的文化产生都可以用历史上所出现的传播或采借所例来解答，而文化的独立发明要在寻找不到传播的迹象之后才能确定。他们还认为，人类的创造力是微不足道的，发明也是少见的事，因此，要发现各民族历史上接触的事实，就必须去寻找文化传播的迹象。古代迁移者不是个别文化成分而是整个文化（文化圈），文化传播愈广，不同民族的相互影响也愈大。

在此基础上他们有感于埃及古代文化和技术成果，便主观臆测埃及是文明的摇篮。世界上的人们都没有独立发明的能力，所有的事物只有一个来源，那就是古代埃及。所有的文化都是在公元前2600年以前发源于埃及的"古文明"然后传播于全世界。即把世界上农业、金属制品、建筑法、造船法、纺织法、裹尸法、氏族和政治、宗教和巫术等的传播，推算出文明的起源约在公元前5000年发源于埃及尼罗河流域，从而形成了埃及、巴比伦、亚述、希腊等国的文明。日积月累地由发明地逐渐传播到各地。至公元前2500年间传至波斯和亚洲的印度和中国；公元后 1000 年间，更由埃及西传至非洲，东至太平洋群岛，南至澳洲，更由太平洋群岛传入南美的秘鲁和墨西哥等地①。

"三大"和"三小"两种文化在山西的出现也是用铁的事实推翻了文化传播论。文化是人们在一定环境之下创造的，而文化传播的过程绝不能看作是一种机械的过程，把一些零星的文化现象来解释复杂得多的历史文化事实，显然是危险的。人类群体之间的交往从来都是双向的，传播论者即使能够论证一种文化特质如何和为什么由一个文化中心传播出去，可能他们仍然不能对第一个地点中心内文化特质如何及为什么发展进化问题作出回答。

## ● 三颗牙齿

人是从直立人过渡到智人的。这个论断随着丁村人化石的发现而被证实。丁村文化遗址，位于山西襄汾县汾河左岸的丁村附近。经 1954 年和 1976 年的两次发掘，获得 2000 余件石制品、丰富的动物化石、2 颗人齿化石和一块人类顶骨化石。这是山西境内最早发现的古人类化石，也是中国最早发现的早期智人化石。丁村遗址的绝对年代距今 20～16 万年，当时的丁村人过着打鱼、狩猎、采集植物根茎的原始生活。

1954 年发现的丁村人三颗牙齿化石（图 15），根据大小、形状、颜色、磨蚀程度以及出土时的距离判断，它们同属于一个十二三岁的儿童个体。齿冠和齿根的尺寸比北京人的同型牙齿细小，下颌第二臼齿嚼咬面模式比现代人要复杂得多，但在许多细节上与现代人接近，其特征介于北京人与现代人之间。三颗门齿与现代蒙古人种一样，舌面呈铲形，有明显的齿面隆突和指状突。1976 年又在

---

① 宋蜀华、白振声主编：《民族学理论与方法》，中央民族大学出版社，1998 年 04 月第 1
　版，第 25～31 页。

丁村发现幼儿顶骨化石（图16）一块。其骨壁较薄，后缘和上缘骨缝的锯齿保存完好。颅内矢状沟和脑动脉沟都很明显。后上角有一天然缺刻，可能意味着此个体生前有印加骨，说明丁村人与北京人及蒙古人种的亲缘关系。1958年裴文中、贾兰坡对石制品的研究把丁村文化确定为旧石器时代中期文化；吴汝康先生根据牙齿化石的形态特征确定"丁村人"为早期智人阶段的化石，这是我国首次发现的早期智人化石。尽管后来发现许多旧石器时代中期的文化遗址和与之相对应的早期智人化石，丁村文化和"丁村人"还是最早填补这一空白的文化和人类化石。

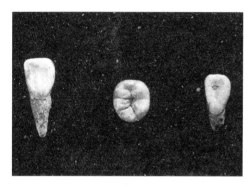

图15　丁村人牙齿

图16　顶骨化石

　　丁村人是我国典型的旧石器中期的人类，即早期智人。智人的脑量高达1200～1600毫升。人脑出现以后，以惊人的速度在发展。现有化石资料表明，早期猿人的脑量只有450～650毫升，晚期猿人的脑量也只有900～1100毫升，而从早期猿人到智人，时间只有200多万年，脑量却增加了1000毫升，扩大了近两倍，其额叶增加了近一倍。这样快的增长速度，在以往漫长的脑进化史上是没有的。

　　人类在劳动过程中不断接触到外界信息，然后反映到头脑里来，这样会使需要用脑思维的机会越来越多。再加上在长期的共同劳动中，由于需要互相帮助、共同协作，于是产生了彼此之间有什么非说不可的迫切需要，促进了人类发音器官的改造。发音器官给脑髓的动觉刺激，经过很长的历史时期，形成了言语运动分析器，并在大脑皮层上形成了言语听觉区，从而产生了人类特有的语言。有了语言，人们就能广泛交流经验，进行抽象思维，从而进一步促进了人脑的发展和完善，使人脑无论在量的方面（脑量），还是在质的方面（结构和功能），都远远超过了猿脑。

石器的发明和连续制造，是人的脑量和头颅容积迅速增长的根本原因。美国人类学家匹尔比姆认为："工具的制造一旦被确立了。从此以后，人科类变成了对其周围环境具有任意的影响能力的和有文化的动物。随着文化的更加复杂化，更丰富的感觉输入量也增大了。从而也促使发展成为更有效的接收和加工这些感觉输入的器官。脑在这一缓慢地改组和扩大的发展过程中逐渐的进步，最终达到了智人的完善而又相当大的脑。"[①]

丁村人由匼河人发展而来，从匼河人到丁村人完成了直立人到智人的过渡。

丁村人的出现也有力地反击了中国人外来说。在丁村人没出现以前，中国从北京周口店文化到山顶洞文化这之间的四五十万年没有出现过人类，因而好多考古学家认为中国人在这个阶段由于某种原因消失了。丁村人的发现刚好把这个链条接上。北京人距今 70 万年左右，属于旧石器早期人类，丁村人距今 10 多万年左右属于旧石器中期人类，山顶洞人距今 3 万年左右，属于旧石器时代晚期人类。这样中国人类的发展轨迹就明显的展现在世人面前了。

而且我们可以通过对中外目前发现的古人类化石作个比较，就更能直接反映中国人类连续进化的学说。

丁村遗址所发现的三颗牙齿呈铲形，发现的顶骨说明丁村人有印加骨。铲形门齿和印加骨是区别中国人和其他人种的两个重要因素。

人类门齿的铲形结构，通常发现于上门齿，下门齿偶然也有。在中国发现的古人类化石中，凡发现有上门齿化石者，几乎无一例外都具有铲形门齿的特征，

---

① 〔美〕D. 匹尔比姆：《人类的兴起》，科学出版社，1983 年版，第 18 页。

如元谋直立人、北京直立人、和县直立人、丁村人、金牛山人、山顶洞人、河套人、柳江人等。在中国新石器时代及其以后的人群中，铲形门齿的出现也很高，如在半坡组中，男性为 88%，女性为 100%，商代人的铲形门齿率也在 80% 以上，现代中国人中，铲形门齿的反映也很突出，以中国女性为例，上内侧门齿显著铲形者高达 82.7%，半铲形门齿者占 12.5，微铲形者占 1%，非铲形者仅占 3.8%；在现代白色人种的女性中，上内侧门齿呈铲形者仅占 2.6%，半铲形门齿占 5.2%，微铲形门齿占 21.8%，而非铲形门齿就高达 70.4%。其他人种中，显著铲形者出现率有的为 0，最高也不超过 5%[①]。

印加骨是顶骨与枕骨之间的三角形小骨，印加骨在中国古人类化石中有着非常高的出现率。北京直立人 6 具头骨中 3 例有；大荔人头骨上也有；另外丁村人、许家窑人、马坝人化石上也显示出可靠的有印加骨迹象；晚期智人的山顶洞人头骨上也有印加骨。欧洲和非洲的古人类中则少见印加骨[②]。

丁村人以确凿的证据证明了中国现代智人是由境内的直立人逐渐演化而来，尤其是在旧石器时代中期，不存在有过外来古人类大量入侵而替代了中国原居住人类的现象。

## ● 国画

吉县地处黄河中游，位于山西西南边隅，吕梁山南端，县城以西有一条清水河自西向东流过，1980 年在这条河的柿子滩发现了旧石器时代晚期的人类遗址，出土有石磨盘、石磨棒和蚌质穿孔装饰品（图 17）以及岩画。岩画发现于遗址西北侧石崖南端"岩棚"下，共两幅，用软性赭红色石头画成，其中右方一幅

---

① 贾兰坡著：《骨骼人类学纲要》，商务印书馆，1954 年，第 24 页。
② 张宏彦著：《中国考古学十八讲》，陕西人民出版社，2008 年 11 月版，第 189 页。

是两只动物相争图画（图18）；而左方一幅，则是有一"女人"（图19）头梳双髻，双乳饱满下垂，充满哺乳人类的乳汁；在她的头顶上面，画有7颗黑点，象征布有"北斗七星"的天空；"女人"右手上举，手上持有石块状物体；女人下身两腿分开，画有外露的阴器，脚下大地画有6个圆点。岩画虽因年深日久风化严重，但赤铁矿的赭红色及所绘形象，尚能依稀可见。

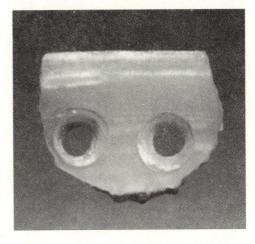

图17　穿孔蚌饰

图18　动物相争

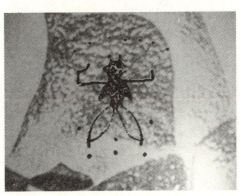

图19　女人

从总体上讲，吉县岩画分两部分，一部分是动物画，另一部分是对人或对人的生殖崇拜的描写。

在我国广袤土地上，从南到北，从东到西，到处都有先民留下的岩画。这些岩画在人迹罕至的山野中，在崇山峻岭的崖壁上，用简单而粗糙的线条描绘着飞禽走兽，描绘着狩猎、舞蹈，描绘着宗教仪式……反映了他们的生产和生活，充满了他们对未来的向往。

从目前考古资料统计研究看，在北方的岩画区，绝大多数是动物岩画。如在

图 20　贺兰山头像

阴山、贺兰山（图 20）、黑山、阿勒泰、昆仑山等山区的崖壁上，反映动物形象的岩画（图 21），不仅数量多、种类也很可观。而南方的岩画区，人物画约占半数以上。这些人物都生动形象，有狩猎（图 22）、放牧（图 23）、舞蹈（图 24）、作战、杂技、钓鱼等。

图 21　动物岩画

图 22　狩猎

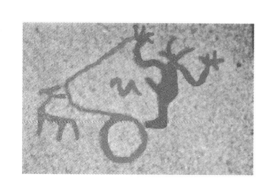

图 23　放牧

图 24　舞蹈

以狩猎、畜牧为主的草原文化，在岩画中反映动物相戏是最普通不过的了，而以农耕为主的中原文化，以繁殖人口为田地补充劳力为题材也是非常自然的。山西自古就是北方草原文化和中原农耕文化的大熔炉。在吉县这个地方出现两种文化相融合的岩画，这对山西民族融合（文化交流也是民族融合的过程）是一个不二的例证。

岩画或称崖画，是绘刻于山崖岩石上的一种图画，它是人类最早的文化艺术精神产品，也是中国最早的国画。岩画不像今天在纸上作画，很显然，许多岩画是原始宗教信仰的演绎和诠释者巫师的杰作。因为当人们冒着生命危险，耗费巨大功夫在悬崖峭壁上绘刻规模巨大的岩画，这绝不是为了悠闲的艺术欣赏，而是受着某种神圣观念的强烈驱使的结果①。

没有古代巫术，就没有上古文明。巫术和图腾以及其他各种人类精神特征仍是艺术发生的重要原因之一。它们虽不是形象的心理来源和构形活动本身，但却是形象产生的精神动力。人类审美意识和造型能力的成熟如果不是源于这种动力，那是无法想象的②。中国史前岩画中有关动物与狩猎的题材是丰富多彩的，这是因为原始巫术思维使狩猎者相信，拥有野兽的形象便意味着将拥有这些野兽。而吉县岩画中的动物相戏图，正是当时人们对狩猎活动的真实反映。

柿子滩另外一副女性图画，则是人们对祖先的崇拜。由于缺乏必要的生理知识，先民们曾创造许多感性神话来解释生育现象，尤其是用来解释氏族酋长与部落首领的神奇诞生。据考察，岩画中女阴图像出现时间较早，这与人类社会发展阶段相适应，与女性在母系氏族中的崇高地位相一致。对女性生殖的暴露，则说明在原始社会人口繁殖是发展中的重大事情，人口增长面临着三大压力，一是战争带来的伤亡；二是动物的伤害，在原始社会，人不单是狩猎者而且也是被猎

---

① 何平立著：《崇山理念与中国文化》，齐鲁书社，2001年01月第1版，第33页。
② 参考张晓凌著：《中国原始艺术精神》，重庆出版社，2005年4月版。

者；三是自然死亡，由于生病、天灾等原因造成的死亡。因而在原始社会人们对女性是非常崇拜的，因为她能给这个部落（氏族）带来生命。

那个女人头上有天，脚下有地，这实际意味着与天与地的联系，反映出一种天地、神人相交的观念，"在尚无产生青铜器，在玉器或陶器、骨角器尚未达到十分精美乃至充裕的情况下，人岩画本身就是法器，就是礼器、彝器、瑞器，它是原始祭祀仪式或巫师施法中必须具备的一部分"①。因而说明，岩画并不是某个人天才的发明，而是原始社会为了举行某种宗教仪式②。岩画用红色涂染，这同原始艺术中习惯使用红色的现象是一致的。原始人在他们频繁的狩猎和战争活动中，鲜血不断地刺激他们的视觉神经，导致红色在视觉中的稳定性。红色那炽热的调子和生命之火相呼应，使岩画获得了无限的生命展现，当红色置于某种祭祀仪式氛围中，红色和血色，使岩画产生强烈的刺激效果，从而具有了一定的恐惧感、神秘感。

## ● 石球

**图 25　石球**

石球（图 25），石质球形器。其表面全部或部分为打击方向不一的凹凸不平的零乱片疤，人工痕迹非常清楚。"台面角"大于 90°。有的保留部分或较多的砾石面，器呈球状，有圆与不圆之分，也有大中小之别。这种器物在考古学文化中常用"石球"来命名③。

---

①　宋耀良著：《中国史前神格人面岩画》，上海三联书店，1992 年版，第 289 页。
②　卢海生著：《世界历史之谜》，文汇出版社，2001 年 01 月第 1 版，第 16 页。
③　陈哲英：《石球的再研究》，《文物世界》2008 年第 1 期。

石球是人类专门制造的一种用于狩猎的球状器物。由于其呈球状，重量比较集中，压强也大，使用起来具有阻力小、速度快、运行稳定、杀伤力强的特点，无疑是狩猎的最佳首选武器。它能够和自然界的石球区别开来，并能够从多面体石核和石锤中脱颖而出，现代民族学的材料提示，利用石球制成的飞索，可以有效地将野兽打倒或缚住，帮助人类捕获猎物[1]。

石球是一种狩猎工具，用绳子套起来可以作绊马索，也可以作飞石索。这种工具在欧洲、非洲和亚洲都有发现。在中国就目前国内所能够看到的资料而言，最早见于丁村遗址中。而许家窑遗址中的石球是目前国内已知出土最多的，其数量多达1000余件。许家窑人使用的石球虽然重量大小不一，但形状都相当滚圆。它的特点就在于不是寻求一种刃缘，也不是寻求一种尖头，而是要去掉石核上所有的棱角及其痕迹。

以前有人推测石球是原始先民用来当做石锤的[2]，但联系到当代一些游牧部落所使用的投石索来看，更多的人认为石球是一种狩猎的武器。

从造型角度来看，石球是人类创造的最初的圆球形作品。石球是一种极具特色的传统性工具，不但分布面广，而且纵贯整个旧石器时代。由此可以看出球状器在人类生活中的强大生命力，并且有着其他工具所不能替代的作用，社会就是在这种生产工具不断完善和生产力不断提高的过程中向前发展的。

从许家窑遗址中的石球来看，完全符合石弹的标准，石球对于其他不规则的石器来讲，是最恰当的远距离狩猎工具，这意味着当时人类距离所猎获的动物越来越远了，机械的或复合工具的使用，越来越显示出它们的巨大威力，并且逐渐成为主要的狩猎方式。

① 丛德新著：《大漠明珠·丝绸古道上的秘宝》，四川教育出版社，1996年10月第1版，第8页。
② 裴文中、贾兰坡：《丁村旧石器》，《山西襄汾县丁村旧石器时代遗址发掘报告》，中国科学院古脊椎动物研究所甲种专刊第2号，科学出版社，1958年版。

当人类学会狩猎后，为了能获取更多的猎物，先是用身边的石块捡起来投向远处的目标。随着使用次数的增加和使用经验的丰富，先民会发现，要想追求更大的杀伤力，石块就必须具有一定的体积和重量，否则对猎物尤其是大、中型猎物就很难取得良好的杀伤效果。同时还发现，要想石块在投掷出去以后飞得更远，就必须使石块具有一定的形状。这样在千万次的试验中他会发现圆形的石块总比其他形状的石块更符合狩猎的要求。于是，最终人类的先民们几乎不约而同地选择了石球。

石球的使用提高了人类的狩猎效率，而且成为不同人群之间武装冲突中一种有效的远射杀伤武器。最早的石球的使用方法和今天的铅球一样，是直接用手通过臂力抛掷出去，这种方法下石球的射程完全靠射手本身的力量，因此射程短。后来，随着使用经验的增加以及人类科学知识的不断进步，复合工具出现，当然这样的工具基于绳索的发明。先民们发现，如果将石球用绳索捆绑起来抛射要比单纯的用手依靠臂力抛掷石球远得多，于是最早的复合武器出现。

石球是人类聪明才智的结晶，石球的发明提高了人们对大自然的征服力，同时在制作和使用石球的过程中，人类又提高了智力，历史即将进入新的一页。

## ● 项链

距今 2.8 万年前的山西朔州峙峪成功研制出山西第一件钻孔石墨装饰品（图26），有鸡蛋大小，呈椭圆形，两面扁平，磨制光滑，中间钻孔[1]。这件饰物的最大特点，一是它的钻孔技术，从石墨的两面对钻而成，懂得对穿，钻得又相当准确，算得上是人类在改变自然物形状技术上的一次飞跃，这只有在人类智慧发展到相当水平时才能办到；二是它的磨制技术，为以后新石器时代磨制工具的出

---

① 山西省考古研究所编：《山西考古四十年》，山西人民出版社，1994 年 7 月版，第 27 页。

现打下了基础，对现在人而言去磨成一件石器是一件痛苦的事，既费力又不得好，但对于原始先民而言，在从来没见过任何人工加工而成的光滑的器物面前，那是一次技术革命，科技是第一生产力，也就是这一次次的技术革新才使人类走向光明、走向进步、走向文明。钻孔、磨制技术都是以前时期所没有的，这些新技术的运用显示出人类生产技术水平的提高，也使生活内容更加丰富。离文明的门槛越来越近了。

图26  钻孔石墨（仿制）

峙峪项链告诉我们，远古的祖先具有了最初的美感。但先人佩带项链的目的并不单纯是为了审美的需要。其主要目的是为了显示他们的智慧，当然也有讨得异性喜爱的意思。

峙峪项链的出现并不是孤立的，同时期的其他一些遗址中也发现有类似的人体饰物。如河北阳原虎头梁遗址，就发现有一件穿孔的小石珠，还有一件用鸵鸟蛋壳做成的穿孔小珠。在旧石器时代晚期，中国远古人类普遍有了装饰自己的意识，原始艺术已经产生①。

但是，除了上述原始的人体饰物，中国至今还没有发现过旧石器时代其他更令人激动的原始艺术品。人体装饰品多是在磨制好的石珠、兽骨、兽角或兽齿上打洞钻眼，以带子穿系，挂在胸前或腕上。

同时期山顶洞遗址中有白色石灰岩钻孔石珠，钻孔椭圆形小砾石，刻沟的鸟腿骨管，钻孔的兽牙和海册子壳，钻孔的皖鱼眼上骨等②。大部分饰品的穿孔边缘都磨得很光滑，而且发红，当时的系带可能被赤铁矿涂染过。

① 车耀利著：《中国远古暨三代艺术史》，人民出版社，1994年01月第1版，第16页。
② 安金槐著：《中国考古》，上海古籍出版社，1992年12月版，第34页。

文明之滥觞

**图27 骨刻**

在欧洲也有类似的饰品，被考古学家称为"护符"。这些护符一端有孔，可以判定是系挂在身上的，上面刻划了动物或几何纹饰。如法国拉玛德霉尼的饕餮纹角片"护符"，法国方特高姆洞刻有痺牛和人像的骨片护符。圣玛塞尔洞也发现有两件骨刻，一件刻有奔驰的动物（图27），另一件刻有三个同心圆和一个鱼骨形图案①。

饰品的含义是由它产生的原因即佩戴的目的所决定的。装饰是人类最早也是最强烈的欲求，也许在部落之前，它已流行很久了。"而装饰的最大、最有力的动机是想取得别人的喜悦"②。

人体装饰中的审美主义随着历史发展，到了后来就愈加显著起来。但如果从另一个角度去分析，人们花费如此大的心思去雕刻一件不容易得到的饰物，应该是和宗教更有关系。在当时所处的特定历史阶段，联系人们在那一特定阶段的认识特点，毫不脱离实际的说他们制作和佩戴饰品是出于某种崇拜或巫术的目的。当时大约正处在巫术盛行的时代，很多观念和意识都含有所谓巫术的意义，装饰的目的就可能与巫术有关。所谓巫术的意义从某一方面说，也是为了实用目的。制作和佩戴这些饰品，以诅咒想要猎取的鸟兽，得以更多更容易地捕获它们；或者用来保佑自己，得到生存的安全感。正因为把这些看成与自己的实际生存有着紧密的关系，所以，他们才以那么大的热情和信心，不惜花费大的心血去创造了

① 邓福星著：《艺术前的艺术——史前艺术研究》，山东文艺出版社，1986年10月第1版，第53页。
② 邓福星著：《艺术前的艺术——史前艺术研究》，山东文艺出版社，1986年10月第1版，第57页。

那些精美的饰品①。如果主要是为了审美的目的，或满足具备高贵品质的虚荣，而使他们付出如此巨大的代价，恐怕是不可思议的，因为在没有金属出现的年代去雕刻或对石头钻孔的确是一件不容易达到的事情。

因而从这意义上讲，人的审美观念是特有的。马克思主义者认为，人和动物生产的本质区别在于：动物不能超越自己所属物种的尺度和需要进行生产，不能为自己创造出一个对象世界，不能自由地支配自己的产品；而人则能够按照任何物种的尺度为自己创造出整个对象世界，能自由地支配自己的产品。不仅如此，人还懂得把自己"内在的尺度"运用到对象上去，即按自己的意志、愿望、理想自觉地改造对象，使自身本质力量对象化，使自然成为人化的自然。而且"人离开动物愈远，他们对自然界的作用就愈带有经过思考的，有计划的，向着一定的和事先知道的目标前进的特征"②。因此，人类生产劳动的目的性使人类永不满足于自然的现状，永不满足于客观世界，永不满足于人的自身，而要不断地超越自然，不断地改造客观世界，不断超越人自身。而动物只能永远停留在已有阶段。从这个意义上来说，很明显，追求美的创造是人类所特有的。

精巧的磨制石器是由简陋粗糙的打制石器进化而来，那些精美的雕刻饰品在一定意义上也都是最初的粗陋石器的进一步发展。但这不是一种单线的发展，它们既依赖于发展了的新的生产能力和物质条件，同时又是当时种种意识、观念的物质化。正是由于这些雕刻饰品凝结、蕴含着更多的意识、观念和情感等精神因素及社会意义，也就更接近文明的门槛了。

① 邓福星著：《艺术前的艺术——史前艺术研究》，山东文艺出版社，1986年10月第1版，第59页。
② 恩格斯著、曹葆华等译：《自然辩证法》，人民出版社，1955年2月版，第114页。

## ● 猎马人

1963 年，考古工作者在大同盆地西南角朔州的峙峪村发现了旧石器晚期文化遗址。通过对峙峪遗址出土动物化石研究表明，发现在面积不大的发掘范围内有众多的马类，实为旧石器遗址之罕见，因此峙峪人又被誉为"猎马人"。

**图 28　石镞**

发现如此多的马类，难道是峙峪人已经学会了养马？不是，从目前所得考古资料看，距今 2.8 万千年前的人类还没有学会饲养动物。那么就只有另一种答案了，峙峪人是靠狩猎获得到的。从峙峪遗址中还出现了大量的石镞①。（图28）石镞的出现表明当时峙峪人已经掌握了制作弓箭技术，峙峪人以弓箭和棍棒捕获这些草原动物，从事以狩猎为主的生产活动，创造了中国旧石器时代最为出色的猎马人文化。

弓箭是一种长距离远射精确武器，弓箭的发明虽然没有技术传承，但我们可以从石球那里得到答案。人们在长期使用带绳索的石球时会发现，尽管石球比以前单纯使用石器猎获动物效率高，但是石球在使用的过程中命中率十分低，有时还会伤着人，那么如何提高命中率呢？一是苦练投石技术，另一个是改良武器。在长时间的实践中他们会发现练习石索的投掷方法是不会有多大提高的，因为这样的武器毕竟是一件低技术含量的，而在长时间摸索中，人们会发现木、竹条的弹性和动物皮、筋的韧性，对于此时的人类来讲，即将由晚期智人成为现代人类，他们完全有智力把这几个看上去似乎不相关的事情联系起来，于是弓箭被发

---

① 山西省考古研究所编：《山西考古四十年》，山西人民出版社，1994 年 7 月版，第 28 页。

明了，即"弓生于弹"①。

在这个时期中，并不是峙峪人单独发明了弓箭（图29），山顶洞人也使用弓箭、山西沁水县下川遗址也发现了数量较多的石镞，说明弓箭是这时期的一个重要发明。

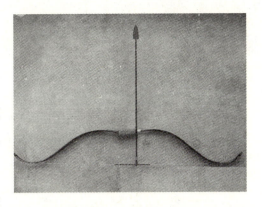

**图29　峙峪弓箭**

弓箭的发明和使用，不仅使人类掌握了一个时代的"决定性的武器"，增强了狩猎能力，而且标志着人类的劳动和智力已经发展到一个新的阶段，"这是一次把弯起来的树枝的弹性和人的臂力相结合起来"的创举。如果说箭矢的出现是以前矛头的缩小和矛柄的减短，那么，在此后出现的耒耜、长柄斧之类则可能就是对长矛和箭矢的进一步改革②。

恩格斯给予弓箭的发明以很高的评价："由于有了弓箭，猎物便成了日常的食物，而打猎也成了普遍的劳动之一。弓、弦、箭已经是很复杂的工具，发明这些工具需要有长期积累的经验和较发达的智力，因而也要同时熟悉其他许多发明……弓箭对于蒙昧时代，正如铁器对于野蛮时代和火器对于文明时代一样，乃是决定性的武器。"③

弓箭的发明和改进使得人们能够在较远的距离准确而有效地杀伤猎物，而且携带、使用方便，可以预备许多箭，连续射击。如果说，任何工具和武器都是人手的延长，那么，弓箭堪称是火器诞生之前，人手的最伟大的一次延长。因为即使在"野蛮时代"，也没有任何一种青铜或钢铁兵器（包括铁剑），能与弓箭的

① 韩春恒注译：《高力士外传》，春风文艺出版社，1987年07月第1版，第47页。
② 邓福星著：《艺术前的艺术——史前艺术研究》，山东文艺出版社，1986年10月第1版，第67页。
③ 马克思、恩格斯：《马克思、恩格斯选集》第4卷，人民出版社，1972年版，第18～19页。

文明之滥觞

作用相匹敌。可以说，直至火器诞生，弓箭都是决定性的武器。

中国古人对弓箭的发明有独特的解释，对弓箭的威力，也有独特的赞颂。

相传远古的时候，天上有十个太阳，到了尧时，"十日并出，焦禾稼，杀草木，而民无所食。尧乃使羿上射十日，羿面对苍穹，金色的神弓贯注千钧之力，白色的神箭疾如流星，弓弦响处，光轮爆裂，流火纷飞。羿一鼓作气射下了九个太阳，只吓得最小的一个太阳战栗着躲进了扶桑木的浓荫，大地于是恢复了生机。万民皆喜，置尧以为天子"①。这个神话，是先民对征服自然的英雄的一曲颂歌，也是对他们心目中最具威力的武器——弓箭的一曲颂歌。

① 齐豫生著：《淮南子本经训》，新疆青少年出版社，2000 年 4 月版，第 60 页。

# 文明之前夜

## ● 枣园的陶器

　　枣园遗址位于翼城县东部，地形为丘陵地带，遗址区西、南分别临近浍河上游的史伯河和浇底河，主要遗物是陶器，以钵、盆、壶（图30）、夹砂罐（图31）等器物为主要组合，遗址距今 7000～6400年，是目前山西省发现年代最早的新石器时代遗存，是盛极一时的庙底沟文化的源头[①]。

　　大约在距今 1 万年的时候，以使用磨

**图30　陶壶**

---

① 　山西省考古研究所编：《山西考古四十年》，山西人民出版社，1994 年 7 月版，第 54 页。

图 31　夹砂陶罐

制石器、陶器为标志的新石器时代降临了。这是一个产生文明的伟大时代，工具不断进步，生产力不断提高，原始农业、畜牧业也已诞生，人类过上了定居生活，陶器和纺织是这一时代的重大发明。

陶器和我们的生活非常接近，但是，在大多数人眼中，陶和瓷是同一个概念。其实不是这样的，严格讲，陶和瓷是两个东西，而我们常说的陶瓷一词是个笼统地称谓，就像我们常听到的"枪炮"这个词的含义一样，不是指的一种新东西，而是一个笼统地叫法。

陶器是在旧石器时代末期出现的，陶器的发明并不是某一个国家或某一地区先民的专门发明，它为人类所共有。只要具备了足够的条件，任何一个农业部落、人群都有可能制作出陶器。陶器，是人类第一次利用天然物，按照自己的意志，创造出来的一种崭新的东西。那时，人类虽已学会将石头制成各种用具，但这并没有"制造出"另一种物质，石头仍然是石头，只有量的变化，而没有质的变化。

陶器在旧石器向新石器过渡的时候被发明，是有其原因的。

要做出一件陶器来至少需要三个要素，第一是火，第二是土，第三是技术。

对火的利用早在旧石器时代中期就掌握了，到旧石器时代晚期时，人们已经能人工取火了。

泥土，人类生命的母亲。中华民族地大物博，在漫长岁月中形成的土壤种类很多，而且泥土具有可塑性，人们在漫长的岁月中对泥土的认识一定要早于对火的认识，人们可以随意把它塑造成各种形状。

那么制陶技术是怎么来的？

文
明
的
见
证

在陶器发明以前，人们要熟食，有四个基本的办法：一是用火直接烧烤食物；二是用石头砌成坑穴，把猎物去皮，放进坑内，上盖热灰，直到焖熟取食；三是用灼热的石块将兽肉烫熟；四是把兽肉放入网中，泡入高温的泉水中，泡熟后食用。

长期以来，人们为取得熟食，在努力创造着各种各样的生活用具，用以煮熟、储存、饮食之用。但是对于籽类植物怎么熟食呢，比如小米和大米，把他们直接放到火上和水上显然是不可行的。在旧石器时代末期，由于人们智力的提高、农业的出现、对火的利用、对泥土的认识，这些因素完美的组合，终于导致陶器出现了。从考古资料可以得到这样一个结论，凡是农业发达的地区，制陶业就发达。

有了陶器以后，人们可以在离开水源的地方生活，人们利用陶罐子能够在有水的地方取水，取到很远地方。用陶罐可以储存水，保持水的卫生，防止水蒸发，就不会再和其他动物争水。因为在有水的地方，人需要喝水，其他动物也需要喝水，争水时候，人容易受到动物伤害，有了陶器以后，就可以避开这种危险。

陶器可以用来煮谷物和小块肉类，用陶器在火上烧的时候，陶器里面的水就是一种非常理想的恒温器，因为水在加热的时候有一个非常重要的特性，水加热达到沸点之后，温度就不再上升了，无论下面怎么烧，水平面附近总是维持在100℃，而这个温度正好是人类很多食物能够充分分解为有效成分，能够被很好加工的温度环境，而且，在用陶器加热时，有一种非常有利于加工食物的物理过程在发生作用，因为水的比重是随着温度升高逐渐变化的，在摄氏4度以上，温度越高，水的比重越小，在底部受热的水，会带着过多的热量会自动升腾到上面去，因此只要在下面不停地加热，那么，整个锅里的食物就会非常均匀地加热了，不会把东西煮坏了。

由于人类发明了陶器，使得人类可以选择食物的范围极大地扩展了。很多不能吃的东西，就可以在陶器里面加水煮，变得美味可口了。同时，很多动物蛋白，在煮的过程中，能够分解成对人体生长、发育、进化所必需的氨基酸。由于人类发明了陶器，人类就开始大规模改变了自己摄取食物的方式，人变得越来越聪明了。

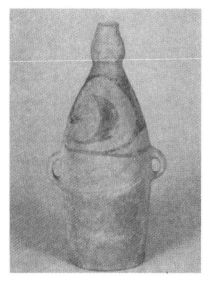

**图32　陶瓶**

枣园遗址中的陶器是泥质红陶，泥质陶器外表颜色多为红色素面，有褐色或黑色斑块修饰（图32）。陶器内壁以灰色、灰黑色最为常见，器物口部留有与器体颜色不同的彩条，这些陶器有着器壁薄、个体小、形制简单等特点。彩陶器皿以玫瑰花卉为主，被学术界命名为"玫瑰部落"[1]。

枣园文化遗址，揭开了华夏文明渊源的又一个谜团。枣园遗址是一处具有典型特征的考古学文化。枣园遗址的发现，将晋南地区新石器时代考古学文化的时代提早到前仰韶时期，丰富了山西新石器时代考古学文化内涵。同时找到了仰韶时期庙底沟文化的渊源。庙底沟文化正是以枣园遗址为主体，在与周边文化的交流、碰撞中，产生出的一支独具生命力的考古学文化。枣园文化为了解晋南地区仰韶时期的文化序列、谱系，提供了清晰的思路，同时也将使人们对该地区龙山时期的考古学文化渊源有更深刻的认识[2]。

---

[1]　山西省考古研究所：《山西翼城枣园新石器时代早期遗址调查报告》，《文物世界》1992年第2期。

[2]　杨国勇主编：《华夏文明研究：山西上古史新探》，中国社会科学出版社，2002年03月第1版，第46页。

## ● 磨盘和粮仓

下川遗址地处中条山腹地，在这里出土了1.6万年前的3件研磨盘和7件锛形器以及作为研磨用的磨锤等。锛形器是我国新石器时代主要农业生产工具石锛的先祖①。磨盘当是用来研磨植物种子或谷物籽粒，而石锛则可以斩断草木根茎，因而它们是与农业相联系的，

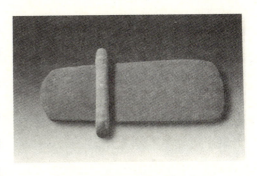

**图33　石磨盘和磨棒**

意味着除采集、渔猎为主外，还就近种植了一些容易生长结实的植物作为不时之需或备荒灾的需要。这种情况不仅是可能的，而且从以后裴李岗和磁山遗址中出现的石磨盘和石磨棒得到印证，而下川的时间比它们几乎要早一倍多。如果这种推测不误的话，则下川可能是中国最早出现农业的地方②。山西除下川遗址中出土磨盘外，在晋东南的武乡石门牛鼻子湾也出土了一套同时期的石磨盘和石磨棒。（图33）

黄河流域是以粟为主的农业区，所谓粟就是小米，也即中国先秦古籍中所记载的"稷"，以至人们常用"社稷"来形容国家。当时最主要的生产环节是播种和收获，完全靠手来进行。后来人们逐渐使用石刀、蚌刀等工具来收割，用石磨盘来加工粮食，因而最早出现的农具是收获和加工农具。

从距今2.3万～1.3万年是中国大陆末次冰期的极盛期。此时的平均气温要比现在低10°，植物以乔本科、蒿、藜、萆草等为主。环境如此恶劣，但由于下

---

① 山西省考古研究所编：《山西考古四十年》，山西人民出版社，1994年7月版，第33页。
② 杨国勇主编：《华夏文明研究：山西上古史新探》，中国社会科学出版社，2002年03月第1版，第9页。

川特殊的地理位置反而利于农业在这里最先产生。下川遗址位于山西沁水中条山腹地的一个盆地中，山中石灰岩广泛发育，为下川人提供了丰富的石器制造原料。同时由于那个特定时代人类食物严重不足，周围环境又主要以禾本科植物组成①。粟的野生祖本是狗尾草，在中国古籍中称之为"莠"。野生狗尾草广泛分布于黄河流域和北方黄土高原地区，目前在田间常见的一种谷莠子，便是与狗尾草杂交后形成的一种中间类型的后代②。粟就是一种典型的禾本植物。下川人在恶劣的环境压力下开始培植禾本科植物，因而形成原始农业，当然下川盆地地势开阔平坦也为其提供了良好的场所。

**图 34　粮仓**

　　下川农业自出现后经过近 1 万年的发展，到了 7000 年左右进入发达期。山西人常说，沁水小米是世界上最好的小米，应该和此有关。1989 年 10～12 月，考古工作者在位于侯马市东南 4 公里的乔山底遗址，发掘了 2 座早于唐尧时代的大型粮仓（图 34），谷子是在粮仓中部的白木灰上发现的，谷子已全部炭化（图 35），但粒粒可数，清晰可辨，初步测算 2 座谷仓容积在 65 立方米以上③，虽然粟类作物早在裴李岗文化时期、仰韶时代的遗址中就屡有发现，粮仓在山东胶县三里河的大汶口文化遗址中也发现过，但规模和数量根本无法与乔山底相比。乔山底虽在侯马，但侯马和沁水下川不过百里之遥，如此大的粮仓足可以说明当时晋南农业

---

① 山西省考古研究所编：《山西考古四十年》，山西人民出版社，1994 年 7 月，第 47 页。
② 吴梓林：《古粟考》，《史前研究》1983 年第 1 期。
③ 杨国勇主编：《华夏文明研究：山西上古史新探》，中国社会科学出版社，2002 年 03 月第 1 版，第 49 页。

的兴旺发达。

而且在下川出现最早的农业也是符合理论逻辑的。中国农业同世界其他地区的农业一样，也是经历了一个由山地向低地发展的规律。农业的发生地和农业发展后的地区不是同一个概念。通观人类所驯化的农作物，无论是麦、粟、

图35　炭化粟

稻类，还是其他粮食作物，在其驯化前，它们的祖本与其他植物之间曾有过激烈的物竟天泽的斗争，结果是各自占据了适合于其特点的生存空间。在土质优良、水肥充足的地方，是没有它们的立足之地的，多年生的乔木林或枝叶茂盛的灌木丛早已夺取了营养和阳光，而只有土地贫瘠、干湿明显、大型树木无法生长之地，野草才容易生长。下川遗址正符合了这些条件①。

磨制石器和农业有着千丝万缕的联系，农业的发展导致了磨制石器的繁荣。

原始农业的出现给人类生活带来了很大变化，而在这些变化之中最基本的一点就是定居。农业的产生使人们在一块土地上相对稳定下来，随着生产技术的不断改进，人们开始懂得不但要种，而且要管，进而发展到锄耕和犁耕农业。在这一时期中，用于农业生产的工具不断得到改进，从早期的尖木棒、石斧等简单的工具向复合工具发展。

原始农业不断发展的一个重要伴生物就是房屋建筑技术的逐步提高，人类由地穴式、半地穴式的房屋逐渐发展为地面建筑的房屋。

在襄汾陶寺遗址发现了大型的城垣根基②。毋庸多说，构筑规模宏大的城垣，建造富丽堂皇的宫殿，不仅需要高超的技术，而最根本的条件是需要投入大

① 张宏彦著：《中国考古学十八讲》，陕西人民出版社，2008年11月版，第136页。
② 杨国勇主编：《华夏文明研究：山西上古史新探》，中国社会科学出版社，2002年03月第1版，第98页。

量的人力、物力。所谓物力，粮食是最主要的，而粮食的来源必须有发达的农业经济作保证。所以说文明起源毫无例外地必须以农业革命为基础。

但是还有一个问题，磨盘和磨棒都是对颗粒物磨制加工成粉的，而小米从目前来看加工成粉后食用几乎不多，小米本是粟脱壳制成的粮食，其直径只有 1 毫米左右，因而叫小米，小米常做成粥食用，在我国北方许多妇女在生育后，都有用小米加红糖来调养身体的传统。小米熬粥营养丰富，有"代参汤"之美称。难道在古代人们对小米的食用还有其他方法？

小米除了可蒸饭、煮粥、磨成粉后还可单独或与其他面粉掺和制作饼、窝头、丝糕、发糕等。虽然目前在下川没有发现农作物出现，但可以肯定的是在下川绝对不是仅有一类作物被种植。

从侯马粮仓本身所提供的信息看，它不仅反映出在临汾盆地塔儿山周围所生活的原始农耕部落在农业革命过程中所取得的突出成绩，而且反映出粮食的剩余作为公共财富的积累是"农业革命"的标志性成果[①]。农业的发展带动了畜牧养殖业、手工纺织业、远程贸易业等的发展，可以推断，在帝尧时代到来之后，由原始农业所积累的财富，并通过各聚落群首领汇集起来所产生了对历史推进的巨大作用，这个作用不仅使社会生产方式发生了转变，更直接作用于人类文明的出现。

## ● 美石和玉

在汾河中下游地区，史前玉器的出土地点不多，山西襄汾陶寺遗址是其中重要的一处。陶寺文化墓葬中，共发现各类玉石器 800 多件、组合 1000 多个单件。就器类来说，有钺、钺形器、圭（平首圭、尖首圭）、璧、牙璧、复合璧、璜、琮、铲、殳、双孔刀、梳、笄，组合头饰、项饰、臂环、指环、镶嵌腕饰以及其

① 张居中：《关于中国古代文明起源问题的理性思考》，《中原文物》2002 年第 1 期。

他零散饰件等。其中透闪石和阳起石系列软玉有 98 件，似玉的美石（又称"假玉"）433 件①。

从以上玉器器类看可以再把他们分为三大类，一类是礼玉器，如圭、璧、璜、琮（图36）、钺、戚（图37）、铲等；另一类是装饰玉，如梳、笄（图38）、项饰、腕饰等；再一类是比较少，就是武器类，如殳、刀等。

图36　玉琮

图37　玉戚

玉是人类在制造使用石器的过程中，逐步认识并从石器中分离出来的，在质地、色彩、硬度等方面，它比一般石器优良。人类对玉器的认识源于对石器的打磨。先民们日复一日，年复一年地与石头打交道，从选择石料到打制、磨制石器，从而对石料的物理性非常了解。直到有一天，先民们发现有一些石器既坚韧耐磨，又色泽美观，比一般石器更令人赏心悦目，更要比牙饰和海贝类美观漂亮，这样最早的玉器就产生了。目前从考古资料看，龙山时代是中国玉器的第一个发展期，北方以辽河红山文化为中心，南方以长江流域良渚文化为中心，而黄

---

① 高炜：《龙山时代中原玉器上看到的二种文化现象》，《中国社会科学院古代文明研究中心通讯》2001 年第 2 期。

图38　陶寺玉笄

河流域以中原的龙山文化为中心。

　　玉器的产生，是人类在原始审美观念的促使下，由物质文明向精神文明发展的必然。玉器作为一门物质文化能在石器衰落消亡几千年后仍保持着蒸蒸日上的发展趋势是有其历史根源的。首先，是人们对美的要求，人类的发展总是对美的要求越来越多，越来越广。在漫长的石器时代，人类由无知到美感的产生，从粗陋笨重的旧石器到精巧别致的磨制石器的出现，从衣不遮体到骨角饰物的发生，从粗制滥造的锤击法、碰砧法到间接打击、钻孔、琢磨等制造技术的革新。正是这些客观条件和主观因素的变化发展才孕育了中国古代玉器的出现。其次，形制上具备审美要求，玉器所用的材料比较宽泛，各地基本上是就地取材，就地加工，以各类的蛇纹石、透闪石或阳起石为主，从玉石不分，到区分一些色彩质地适宜的美石，再到几种主要的玉石材料，人类对玉的认识是一个逐渐聚焦的过程，但总的趋势不变，那就是对美的要求。再次，经久耐用，便于流传和保存。玉器之所以能经久不衰发展到现在，一个重要的原因就是她的坚韧不拔，随着时间的推移而越发美丽。

　　从陶寺出土的玉器来看，陶寺玉器还处于初级阶段，以磨制为主。在玉器制作之初，由于人们经验不足，琢玉工具尚不完备，加之艺术欣赏能力的低下，当时所成之器，一般仅采用琢打磨光，器形简单，器身不施纹饰。

　　陶寺三类玉器中以礼玉器为最多。陶寺中的礼玉器是等级身份和权利的标志物，这也是和其他玉器文化不同的，如玉琮和玉璧，在良渚文化中她们是通天交地、祭祖祀神的标徽，而在陶寺玉文化中其玉表面光素，明显缺乏神秘性。尤其是出现了大量的饰物玉器，说明陶寺玉器所蕴含的宗教意已相对淡薄，而更重在权利和财富等世俗观念的体现。玉器从主要作为通神工具逐渐转变为贵族佩戴、把玩之物。

陶寺玉器中还存在玉兵器的现象，说明在当时金属工具还没出现以前，战争所需的武器还是以石（玉）器为主。《越绝书·宝剑篇》有这样一段话："轩辕、神农、赫胥之时，以石为兵，断树木为宫室，死而龙藏……至黄帝之时，以玉为兵，以伐树木为宫室凿地……"[1] 所谓以玉为兵，就是指使用磨制较精的玉质武器。黄帝和尧都是中国传说时代中的人物。

在中国历史上，玉器之所以能长久不衰，除因玉材色彩绚丽、质地优良、用途广泛、制作技术先进外，最主要的还是由于玉器在各个不同的社会阶段、宗教、政治、经济、文化等领域中，起着其他器物不能取代的特殊功能[2]。

但从陶寺出土的玉器数量、器类、造型、纹饰和软玉所占比重等方面来看，陶寺玉器的礼仪性质并不占重要位置，而是以鼍鼓、特磬、土鼓等王室庙堂重器和成套的彩绘陶器、彩绘漆木器为特征。这说明在中原宗教信仰和礼的观念及其物质表现形式方面和其他地区存在差别。这与颛顼实行"绝地天通"的宗教改革后，不再存在凌驾于王权之上的独立宗教，宗教为统治者所垄断，成为世俗统治集团的政治工具[3]。

陶寺玉器中还有一个重要的特征就是被打磨的比较薄。虽然没有华丽的外表，但做工非常精致，这也说明了一个道理，陶寺玉产于本地。如果陶寺东面的中条山产玉的话，陶寺将有大量的玉源供应，这样才有利于精雕细刻，如果中条山不产玉，陶寺得从外地进料，则陶寺玉匠不会浪费玉料进行雕琢。

① 易漫白著：《考古学概论》，湖南教育出版社，1985 年 02 月第 1 版，第 41 页。
② 曲石著：《中国玉器时代》，山西人民出版社，1991 年 08 月第 1 版，第 32 页。
③ 邹化政著：《先秦儒家哲学新探》，黑龙江人民出版社，1990 年 05 月第 1 版，第 74 页。

## ● 陶纺轮

图39 陶纺轮

枣园遗址位于临汾盆地边缘的翼城县北橄乡枣园村，地处汾河下游滑家河、浇底河的交汇区。1991年5月，山西省考古研究所在这个遗址中发现了用于纺织的陶纺轮①（图39）。

陶纺轮是早期的纺织工具，由缚盘和缚杆组成，陶制纺轮中的圆孔是插缚杆用的，当人手用力使纺盘转动时，缚自身的重力使一堆乱麻似的纤维牵伸拉细，缚盘旋转时产生的力使拉细的纤维拈成麻花状。在纺缚不断旋转中，纤维牵伸和加拈的力也就不断沿着与缚盘垂直的方向（即缚杆的方向）向上传递，纤维不断被牵伸加拈，当缚盘停止转动时，将加拈过的纱缠绕在缚杆上即"纺纱"。陶纺轮的出现说明人们懂得用它来纺织某些植物纤维并编织"布衣"，表明在7000年前的山西已经有了纺织术，人们已经穿上了用纺织得来的衣服。

人类是从什么时候开始穿衣的，到目前仍然是一个费解之谜。人类开始纺纱织布大约在1万年前的新石器时代。1854年在瑞士一个干涸的湖底发现了人类最早使用的麻织物。大约公元前2000年前，埃及已能生产精致的亚麻织物。从我国的考古发现来看，1.8万年前北京山顶洞人已懂得自制骨针（图40），出现了缝制衣服的发端。并且已可确凿地证明，我国在6000年前已开始纺纱织布②。

---

① 山西省考古研究所编：《山西考古四十年》，山西人民出版社，1994年7月版，第54页。
② 赵平、吕逸华编著：《服装心理学概论》，中国纺织出版社，1995年09月第1版，第16页。

**图40 骨针（仿制）**

服饰是人类生活中不可缺少的要素，自从人类从猿变成人后，身上的猿毛越来越少，已经到了非有什么东西来替代它的地步了，从这个意义上讲，衣服又是人类文明的一个标志。在一定意义上而论，它是人的第二层"皮肤"。服饰除了满足人类物质生活的需要外，还代表着一定时期的精神生活。它是各族人民生活内容、社会制度、风俗习惯、审美观念和精神风貌的外在反映。

人类古代服饰经历了漫长而丰富的演变过程。今天，穿衣打扮对我们来说，好像是理所当然的，就如同睡觉、吃饭一般自然平常。平时我们很少去探究它的起源。早期的人类，都赤裸着身体，至于后来是什么原因促使他们开始覆盖身体，到目前为止有好多理论和假设，如保护说、羞耻说、吸引异性说、避邪说、装饰说等，但没有一种理论完全能臣服其他理论。我们认为，这些理论都代表了某一地区或某一时代的看法，都不能完全解决服饰的起源问题，因而应该把这些理论综合起来看。

认为是保护说的以美国约翰·霍普金斯大学的邓拉普教授为主，根据是人类在热带生活，那里到处是蚊虫，为了抵御叮咬，人们发明了衣服，如果是在寒冷的地方还可以御寒。这个说法听起来似乎合理，但是难免让人疑惑。比如，澳大利亚土著早期是不穿衣服到处活动的，直到后来，才把某些野生动物的毛皮披在肩上。但毛皮非常小，其保暖功能在冬天几乎不起任何作用。在非洲炎热地带的部落，除了遮蔽阳光照射的设施外，更不需要任何保暖的衣物。

认为是羞耻说的理论根据是，羞耻感存在于人类天性中，这种先天性驱使人类制作衣服来遮蔽躯体，这种理论没有科学依据，目前我们至少知道，不同的民族有不同的穿衣习俗，至于应该裸露身体的哪一部位，全世界没有一个统一的标准。

例如：亚马逊河流域的库伊库尔族，一到成年就用线将贝壳串成腰带垂挂于下腹前，这是他们的日常服饰，除了特殊场合外，绝不取下来；平常若不将腰带佩上，就会感到非常羞耻，可见他们一生中都不曾遮掩下体。因此，库伊库尔族人也从不以裸露下体为耻。在苏门答腊，袒露膝盖是一种不正经的行为。而中亚的一些部落，连指尖都不准露在外面。现代的耶路撒冷，除了家里的亲属外，如果妇女的颈部露在陌生人面前，就会被认为很不体面，但当她坐下时，从小腿一直露到大腿，却不以为然。在东方的一些国家中，王宫里的女孩在 12 岁以前，连自己的母亲也不能看到她的脸，但是她的衣服却是用透明的织物做成的，任何时候都能看到身体的全貌[①]。可见，羞耻并不是一成不变的观念，会随着时代和地域的不同而改变。因此，羞耻应该说是一种习惯，而不是天生、固有的特性。

还有一种理论比较新奇，认为是为了吸引异性。原始社会人们都不穿衣，人们彼此之间都不以为然，后来，为了引起异性注意，就在身体某个部位给予引起他人注目的装饰，有些动物也如此，比如澳大利亚园丁鸟在选择伴侣钟爱的礼物时往往选择蓝色，因为该鸟非常衷情此美色。又比如目前我们国人女性喜欢穿黑袜子，黑色就容易吸引异性，还有一种神秘感，隐藏的东西反而容易激发人们的好奇心。

避邪说理论者认为原始人相信精灵和鬼神的存在，他们认为衣饰穿戴在身上有一种驱邪的作用。穿衣原是为了预防某些魔鬼伤害的一种手段。

最后一种是装饰说。原始人缺乏生活的必需品，但是人人都设法从装饰中追求欢乐，而大多仍局限于个人装饰。打猎回来时，背上扛着猎杀的动物，或者带着血污和伤痕从战场奏凯归来时，路上遇到的人们总会满口称赞他们，这些战利

---

① 杨治良著：《人类心灵的展示：服饰心理探秘》，湖南教育出版社 ，2002 年 1 月版，第 7 页。

品无声地显示了他们杰出的才能和威力。毫无疑问，他人的称赞是为了使其高兴，这种心理和现今一样。当他被人们从人群中挑选出来，获得刮目相看的待遇时，便陶醉在这种得意的激情中。可是，当这种血污和伤痕消失后，部落的其他人就会忘记他作为战士或猎人的勇猛和力量，他又处于与其他人相同的地位。享受过荣誉的人，往往很难再回到原先不被尊敬的地位，如此便促使其寻求更加永恒的、可用来标识其能力的徽章①。

从以上的五种理论中可以看出，这些理论都具有片面性。因为有的事情发生并不是单一的因素而造成的，但也不是说，完全具备了五种因素才能出现服饰。但至少说明一点，人类从一丝不挂到有目的的穿衣打扮，说明文明的脚步越来越快了。

陶纺轮的出现从另一个角度看，是手工业的发展。虽然目前没有确切的证据证明中国的衣服产生于什么年代，但是从3万年前的北京周口店山顶洞人遗址中出土的一枚相当完整的骨针来看，那时候就有了衣服了。山顶洞的这枚骨针长82毫米，直径约3毫米，针眼细小，针尖锐利，针身略弯而圆滑，明显具有刮削和磨制的痕迹②，很显然，没有较高的技术是做不成这根骨针的。由于骨针的发明，就使缝制服装成为可能。

到了新石器时代，人们在长期的渔猎和采集中，学会了用树皮、草茎的纤维来搓制绳索，制作渔网，这正是原始纺织业的发端。此后，人们发明了陶制的纺轮和简单的织机，学会了种麻种葛，用麻和葛的纤维做原料，织成麻布和葛布。考古发现证明，在我国4000多年前的新石器时代遗址中，人们织布的技术已使每平方厘米排列了30根经线和纬线，这说明当时的纺织技术已经有了长足的发展③。除中国外，同时期的古埃及人大约在5000年前也织出了面幅很宽的麻布④。这样，树叶服

① 杨治良著：《人类心灵的展示：服饰心理探秘》，湖南教育出版社，2002年1月版，第10页。
② 闻衡编著：《中国考古史话》，黑龙江人民出版社，1995年08月第1版，第15页。
③ 李安辉主编、钱涛编著：《风俗简史说分明》，河南大学出版社，2005年1月版，第137页。
④ 周俊著：《外国医德史》，上海医科大学出版社，1994年10月第1版，第250页。

装和兽皮服装退居次要地位，亚麻布衣裙成了人类服装的主体。

纺轮在新石器时代墓葬中往往是作为妇女的随葬品，而在男子墓葬中极少发现。由此可见，自古以来妇女就是纺纱织布的发明者和生产者。

## ● 瓮的特殊用途

图41　瓮棺

瓮本是盛储器，主要用于盛放粮食，而在新石器时代却有了新的用途，用于埋葬死者。1958 年在黄河北岸山西的最南端的芮城东庄村发现了瓮棺葬一座，葬具是一个夹砂红陶瓮①（图 41）。

有生就有死，这是人们无法改变的自然规律。自有人类就有人类的死亡，但这并不等于自有人类，就有丧葬习俗。

葬俗作为人类文化的内容之一，是人类社会发展到一定历史阶段后出现才的。一般认为，葬俗的出现与人类思维的逐渐发达和原始宗教的出现密切相关，特别是和灵魂观念和祖先崇拜观念的出现有密切的关系。

最初，人类没有埋葬死者的习惯，正如《孟子·滕文公》所云："盖上世尝有不葬其亲者，其亲死，则举而委之于壑。"② 这种随便处理尸体的情况，反映出史前时代早期，人类的意识较为原始，感情也不复杂，人们的思维活动只能紧紧围绕获取食物、制作石器、抵御侵害、谋求生存等来进行，尚不会考虑生死大事，对同类的感情也相对比较淡漠。故人死之后或弃于荒野，或放于沟壑，在食

---

① 山西省考古研究所编：《山西考古四十年》，山西人民出版社，1994 年 7 月版，第 59 页。

② 刘俊田、林松、禹克坤合译：《四书全译》，贵州人民出版社，1988 年 02 月第 1 版，第 455 页。

物缺乏时，甚至可能有同类相残相食的现象发生①。

进入旧石器晚期时，人类意识变得复杂化和高级化，人们对自身的生理构造和某些精神活动现象感到困惑，并产生出灵魂观念。据此而对人的某些生理现象进行了解释，比如睡眠和做梦，人们以为是寓于体内而又独立存在的灵魂而起的作用，睡眠是灵魂暂时离开肉体，做梦是灵魂随处漫游；再则对于生病和死亡，人们信以为生病是灵魂与肉体不能复合，死亡则是灵魂永远离开肉体。进而认为"既然灵魂在人死时离开肉体而继续活着，那么就没有任何理由去设想它还会死亡，这样就产生了灵魂不死的观念"②。

灵魂观念产生之后，又从灵魂观念中产生出鬼魂观念，即人活着灵魂依附于肉体，死后灵魂离开肉体而成为鬼魂。如《礼记？祭法》云："大凡生于天地之间者皆曰命，其万物死曰折，人死曰鬼。"③ 随着时代的发展，人们越来越意识到生命的可贵，感受到亲情的欢乐，产生出强烈的恋生、恋亲之情，既然灵魂是不死的，就希望亲人的鬼魂有一个固定的居所并能在另一个世界继续生活下去。既然鬼魂有着超凡的能力和神奇的力量，那么人们就可以通过埋葬死者来寄托生者的哀思，通过祭祀活动来表达对鬼魂的崇拜。这样在这种灵魂观和生死观的交相作用下，便出现了埋葬死者的习俗。

人类将死者的尸体或尸体的残余按一定的方式放置在特定场所，称为"葬"。用以放置尸体或其残余的固定设施，称为"墓"。在中国考古学上，两者常合称为"墓葬"④。

根据迄今的调查发掘，中国至迟在旧石器时代晚期已有墓葬。

我国各族的丧葬形式有：土葬、火葬、天葬、树葬、崖葬、水葬、塔葬等。

① 贾兰坡：《远古的食人之风》，《化石》1979 年第 1 期。
② 马克思、恩格斯：《马克思、恩格斯选集》第 4 卷，人民出版社，1995 年版，第 224 页。
③ 张云飞著：《天人合一》，四川人民出版社，1995 年 02 月第 1 版，第 181 页。
④ 张宏彦编著：《中国史前教考古学导论》，高等教育出版社，2005 年 6 月版，第 205 页。

采取哪种形式埋葬死者，与各族所处的自然环境、生产方式、生活习惯、宗教信仰和意识形态等都有关系。丧俗既受客观环境的制约，又受人们主观的灵魂宗教等观念的深刻影响。而且，在一个地区或一个民族中，又并非仅有一种葬式，可能有几种葬式先后或同时存在。

山西芮城东庄村瓮棺葬的发现，说明山西在新石器时代早期，已经出现了用陶制容器埋葬死者的习俗。但从全国出土的考古资料来看，利用陶器作葬具的一般用于埋葬幼儿。

图42 木棺

新石器时代晚期，有些地区已用木棺作葬具（图42）。在大汶口文化的后期，少数墓坑面积甚大，坑内沿四壁用木材垒筑，上面又用木材铺盖，构成了木椁，这大概是由于墓主人在社会上有特殊的地位。而幼儿死后一般埋在房屋附近或房基下，葬具用陶制容器，称为"瓮棺葬"。

为何将幼儿放入陶制容器，而不是木棺葬或是其他，这是有一定的原始科学依据的。幼儿是生命的起始，人的生命是从幼儿开始茁壮成长的，而瓮、罐、壶等陶制容器又是装粮食的，日本汉学家小南一郎认为，早在仰韶文化的半坡遗址中发现的装有谷种的陶壶，"壶既是粮种（即谷物之灵）的安息之处，又是用于等待即临的播种季节的暂安处。然而，这不单纯是种子在壶中越冬，在古代人的观念中，种子发芽是由于其中蕴有世界始源的、创世的'生命力'，盛放粮种的壶发挥着使谷物的原始生命力传播至今的桥梁作用"①。把幼儿放入陶制容器中正是生命重返创世前的生命之源的写照。

---

① 〔日〕小南一郎著、朱丹阳译：《壶形的宇宙》，《北京师范大学学报》1991 年第 2 期。

## ● 木与土的结合

东庄村是地图上都找不到名字的小地方，却在这里第一次发现了山西新石器时代的房址。1958 年考古学家在芮城东王庄进行考古，在这个地方发现了两座房址，其中一座平面略呈圆形，最大直径约 1.8 米×1.8 米，居住面与当时地面基本平齐，在其南部偏东的边缘上有椭圆形灶坑一个。另一座为地穴式，口大底小，残深 1.8 米①（图 43）。

图 43　房屋复原图

衣、食、住、行是人类赖以生存的基础条件，早在原始社会中就出现了。住是建筑的起源，从穴居野处、构木为巢发展成为高楼大厦和各种建筑物，是科学技术和文化艺术的综合体，是人类文明的标志。

在原始社会，建筑的发展是极其缓慢的，在漫长的岁月里，我们的祖先从艰难地建造穴居和巢居开始，逐步掌握了营建地面房屋的技术，创造了原始的木架建筑，满足了最基本的居住和公共活动的要求。

在我国古代文献中，曾记载有巢居的传说，如《韩非子·五蠹》："上古之世，人民少而禽兽众，人民不胜禽兽虫蛇，有圣人作，构木为巢，以避群害。"②《孟子·滕文公》："下者为巢，上者为营窟。"因此推测，巢居是地势低洼气候

① 山西省考古研究所编：《山西考古四十年》，山西人民出版社，1994 年 7 月版，第 58 页。
② 辽宁省教育学院中国三古代文学组编：《中国古代文学·韩非》，辽宁教育出版社，1986 年 11 月第 1 版，第 256 页。

潮湿而多虫蛇的地区采用过的一种原始居住方式①。

但在山西，特殊的黄土层和多山的地理环境，为山西古代先民们创造了居住的先天条件，那就是洞穴和地穴。从目前发现的人类居住住所看，我国境内已知的最早人类住所是天然洞穴。

**图 44　山西洞穴遗址**

大自然造化之功奇伟壮丽，雕凿出无数晶莹璀璨、奇异深幽的洞穴，展示了神秘的地下世界，也为人类在长期生存期间提供了最原始的家。在生产力水平低下的状况下，天然洞穴显然首先成为最宜居住的"家"。从早期人类的北京周口店、山顶洞穴居遗址开始，原始人居住的天然岩洞在北京、辽宁、贵州、广东、湖北、江西、江苏、浙江等地都有发现，可见穴居是当时的主要居住方式，它满足了原始人对生存的最低要求。在山西也发现了洞穴居住地，那就是垣曲县南海峪洞穴遗址②（图44）。

山西的房屋建筑在进入氏族社会以后，随着生产力水平的提高开始出现。但是在环境适宜的地区，穴居依然是当地氏族部落主要的居住方式，只不过人工洞穴取代了天然洞穴，且形式日渐多样，更加适合人类的活动。在黄河流域的山西有广阔而丰厚的黄土层，土质均匀，含有石灰质，有壁立不易倒塌的特点，便于挖作洞穴和地穴。因此原始社会晚期，竖穴上覆盖草顶的穴居成为这一区域氏族部落广泛采用的一种居住方式。东庄村的穴居遗址就是典型的一例，而且是仰韶

①　庄裕光著：《古建春秋》，百花文艺出版社，2007年1月版，第7页。

②　山西省考古研究所编：《山西考古四十年》，山西人民出版社，1994年7月版，第10页。

时期地穴最深的一处。随着原始人营建经验的不断积累和技术提高，穴居从竖穴逐步发展到半穴居，最后又被地面建筑所代替。

穴居方式虽在中国早已退出历史舞台，但作为一定时期内，特定地理环境下的产物，对我们祖先的生存发展起到了重要作用，同时，鲜明的地方特色也构成了这样独特的人文景观。至今在黄土高原依然有人在使用这类生土建筑，如平陆的地窨院，显示了黄土高原居住民俗传承的鲜明特色。

山西省平陆县地处山西最南端，整个县境沟壑纵横，仅土沟就有75条，支沟、毛沟更是数不胜数，自古以来人们就用"平陆不平沟三千"的俗语来描绘它[①]。这种特殊的自然环境和悠久的居住建造习俗，形成了这里独特的民居形式。

农家的地窨院（图45），其建造方法是，先选择一块平坦的地方，从上而下挖一个天井似的深坑，形成露天场院，然后在坑壁上掏成正窑和左右侧窑，为一明两暗式结构，再在院角开挖一条长长的上下斜向的门洞，院门就在门洞的最上端。一般向阳的正面窑洞住

图45　地窨院

人，两侧窑洞则堆放杂物或饲养牲畜[②]。

由地窨院组成的村落，人在百米之外往往不易发现，只有当你临近院子边缘时，才能看清其真面貌，有首民谣描绘的非常形象的专业："上山不见山，入村不见村，平地起炊烟，忽闻鸡犬声。"[③] 在山西南部地处中条山南面的平陆、芮城两县，到处是这种地窨院。

①　复旦大学新闻系：《通讯选评·为了六十一个阶级弟兄》，1990年03月第1版，第107页。
②　段友文著：《汾河两岸的民俗与旅游（山西卷）》，旅游教育出版社，1995年1月第1版，第161页。
③　蒋高宸编著：《云南民族住屋文化》，云南大学出版社，1997年11月第1版，第351页。

中国居住民俗传承最早的居住方式就是穴居式。《礼记·礼运》载："昔者先王未有宫室，冬则居营窟，夏则居橧巢。"[1] "营窟"就是一种地穴式房屋。《墨子·辞过》也说："古之民未知宫室时，就陵阜而居穴而处。"[2] 后来发展为横穴居室，即窑洞。接着又有竖穴居室，即地窨院，以及半地穴居室，最后才创造了地面建筑。

与平陆自然环境相似的地区，如晋南的闻喜、万荣、临汾等地，以及河南、陕西、甘肃等省，也都有地窨院。地窨院成为山西民居中独具黄土高原风格的一种类型被沿用到今。这也说明了穴居对环境的极端适应。

人类发展有如文化接力，农耕社会的到来，引导人们走出洞穴，走出丛林。人们可以用劳动创造生活，来把握自己的命运，同时也开始了人工营造屋室的新阶段，并建立了以自己为中心的新秩序，真正意义上的"建筑"诞生了。龙山文化的住房遗址已出现了双室相连的套间式半穴居，平面成"吕"字形[3]。套间式布置也反映了以家庭为单位的生活。在建筑技术方面，开始广泛地在室内地面上涂抹光洁坚硬的白灰面层，使地面收到防潮、清洁和明亮的效果。在山西陶寺村龙山文化遗址中已出现了白灰墙面上刻画的图案，这是我国已知的最古老的居室装饰[4]。

总之，当原始人真正走出洞穴，走出丛林，开始用自己的劳动创造生活时，也就开始了有目的的人工建造屋室的活动。人们可以按照自己及社会关系的需要建构自己的建筑与村落，同时，在满足了物质生活的基本需要后，精神需要越发成为左右建筑的重要因素。真正意义的建筑诞生了。

---

[1] 俍工、怒潮合编：《中华学术思想文选·礼运》，上海中华书局，1933 年 6 月版，第 11 页。

[2] 廖彩梁编著：《中华远古祖先的发明》，科学普及出版社广州分社，1982 年 03 月第 1 版，第 57 页。

[3] 山西省考古研究所编：《山西考古四十年》，山西人民出版社，1994 年 7 月版，第 91 页。

[4] 许顺湛著：《黄河文明的曙光》，中州古籍出版社，1993 年 10 月第 1 版，第 92 页。

## ● 尖底瓶

尖底瓶是仰韶文化中一种典型的陶制容器。在山西的仰韶文化中也大量出现这种容器，典型的有东庄村、北橄村、马家小村、西王村等出土的尖底瓶。

尖底瓶（图46）为古代盛贮器，用以从河水中取水。其工作原理为：将空瓶放入水中，它在水中自动下沉，注满水后，由于重心转移，瓶口朝上竖起，再用绳将瓶吊出水面，从而实现取满水而滴水不漏。西周时，这种提水壶经过改进，变成了宫廷的玩物——欹器。它也是一种利用重心来调节平衡的器物，正可谓"虚则欹，中则正，满则覆"[1]。

尖底瓶的主要特点是：小口、长腹、尖底，但各文化遗址出土的器形略有差异。东庄村和西王村等出土的尖底瓶一致，杯口、瓶身修长[2]。北橄村出土的尖底瓶口作折唇状，口下器壁外鼓，基本无颈，尖底较钝[3]。马家小村出土的尖底瓶有两种，一种为壶口形，尖底较钝，体矮胖；另一种为重唇口、鼓肩[4]。仰韶文化中的尖底瓶用来提水，很符合力学的平衡原理[5]，而且"尖底瓶的意义主要可能还不在于它是一种欹器，不在于它在汲水时表现出

**图46　尖底瓶**

---

① 申先甲、张锡鑫、祁有龙合著：《物理学史简编》，山东教育出版社，1985年8月第1版，第857页。

② 山西省考古研究所编：《山西考古四十年》，山西人民出版社，1994年7月版，第58页，第65页。

③ 山西省考古研究所编：《山西考古四十年》，山西人民出版社，1994年7月版，第66页。

④ 山西省考古研究所编：《山西考古四十年》，山西人民出版社，1994年7月版，第69页。

⑤ 王冠倬、纪聿绵：《弓箭和尖底瓶——弹力和重力机械》，《中国文物报》1999年7月18日第3版。

的特别的力学特征，而主要在于它的小口，可以保存盛水不致蒸发或荡溢，这是干旱少水地区的特有水器，它分布的范围最能说明问题"[1]。迄今，考古学家将尖底瓶与其他水器混在一起进行类型学和谱系研究，排出了"非尖底瓶水器—尖底瓶水器—非尖底瓶水器"这样一种水器发展、演变历程[2]。

但"事实"往往会和"推测"开玩笑。

1989 年半坡博物馆的研究人员对尖底瓶进行了仿真实验，结果表明，绝大部分尖底瓶都只能盛装半瓶左右的液体（水），而且还必须提携系在双耳上的绳索才不至于让瓶中液体倾倒，即"中则正"，而只有极少数尖底瓶才可以盛满液体[3]。这个事实决定了尖底瓶不可能是一种生活中实用的汲水器、盛水器。

那么它究竟是一个什么容器呢？从尖底瓶的实用功能和造型等方面进行论证，它应该是一种礼器。

从实用角度看，它盛装的液体类只具有象征性、礼节性。从半坡科研人员的仿真实验看，大部分尖底瓶只能盛装半瓶或少量液体，而且通过系绳才能正常提携，这充分说明了尖底瓶不是从生产或生活实用的角度去设计和制作的[4]。

从使用方法上看，它可能与宗教、礼仪相关。尖底瓶盛装液体后不能随便地置于平地或平台上，因为尖底不能随便放置，而只能提携、悬挂高处或抱在手上，这就说明它的发明不是从生产、生活实际或实用的角度去考虑的。根据实验，大部分尖底瓶处于空瓶状态时，用绳提携都是瓶口朝下、瓶底朝上即"虚则偏"，而当瓶中液体接近或大于重心时，瓶口则始终朝上，这一特点要求使用尖底瓶的人员要非常熟习尖底瓶的属性并能熟练运用好，尖底瓶的这种特殊性没有

---

[1] 王仁湘：《仰韶文化渊源研究检视》，《考古》2003 年第 6 期。

[2] 阎渭清：《甘青地区新石器时代的水器》，《考古与文物》2004 年第 3 期。

[3] 王大钧、唐珊等合写：《半坡尖底瓶的用途及其力学性能的讨论》，《文博》1989 年第 6 期。

[4] 王先胜：《关于尖底瓶，流行半个世纪的错误认识》，《社会科学评论》2004 年 12 月第 4 期。

文
明
的
见
证

必要也完全没有必要在实际生活中搞的如此复杂，那么只有一个合理的解释，那就是对神明的祭祀，我们可以推测一下，在祭坛上用支架支着一只尖底瓶，里面盛满了人们认为最好的饮料献给祖先和神灵，当祖先和神灵即将喝完瓶中的饮料时，这时瓶口斜了，然后祭祀人员（巫或者是觋）① 赶紧上前去再用饮料把瓶填满。现在我们知道那是液体蒸发了，但在古代那是个不可释义的事。

从制作的口部来看尖底瓶的壶罐口、双唇口恰恰与繁文缛节的礼仪需要相吻合。仰韶文化中的尖底瓶大部分是壶罐口和双唇口。壶罐口尖底瓶是"瓶上加瓶"，即口部做成很小的壶、罐或瓶、杯的形状；双唇口尖底瓶是"口中套口"，即将口唇部做成一小一大内外相套的样式②。壶罐口、双唇口也都不是从生产或生活实用的角度去考虑的，即本没有必要将尖底瓶口设计和制作成壶罐形或双唇口。仅仅是为了日常生活之用那反倒是显得多此一举了，如果从祭祀角度考虑，为了突显祭祀的神秘性和严肃性这个是非常必要的。

山西仰韶文化中还有一部分尖底瓶都是无耳的，这种尖底瓶一是不能用绳系，二是不能放地上，只能是抱在手中或扛在肩上，这种强制性的要求也证明尖底瓶不是一般的水器，而应与礼仪相关。

如果从尖底瓶分布的范围上看，也应该和宗教礼仪有关。尖底瓶大体上分布于干旱少水地区，底小、口小都可以使瓶中的水少蒸发，而且这与原始巫术活动、思维方式相吻合，有一种"交感巫术"，可以通过神秘的交感作用，以少量的人间之水招引天上大量地降雨，这可能是仰韶先民在缺水、干旱时节所施行的巫术活动③。

苏秉琦先生对"尖底瓶与礼仪相关"也有论述。他认为"小口尖底瓶未必

---

① 刘志诚著：《汉字与华夏文化》，巴蜀书社，1995 年 5 月第 1 版，第 187 页。
② 苏秉琦著：《华人·龙的传人·中国人——考古寻根记》，辽宁大学出版社，1994 年 9 月第 1 版，第 17 页。
③ 弗兰柔著：《交感巫术的心理学》，1931 年 05 月第 1 版，第 62 页。

都是汲水器。甲骨文中的西字有的就是尖底瓶的象形。由它组成的会意字如
'尊'、'奠'，其中所装的不应是日常饮用的水，甚至不是日常饮用的酒，而应
是礼仪、祭祀用酒。尖底瓶应是一种祭器或礼器，正所谓'无酒不成礼'"①。根
据尖底瓶的存在以及其他一些现象，苏先生认为半坡时代正处于社会转变期，
"有些彩陶应属'神职'人员专用器皿，当时或已出现了脑力与体力劳动的分
工"②。再从甲骨文、金文以及甲骨文以前的纹饰符号中可以发现有关尖底瓶用
法的直接证据。在纹饰型符号中，有两个人双手擎举一个尖底瓶，在两人的胳膊
和擎举着的尖底瓶的下面，是一只琮，琮是一种礼器。这个文饰符号表明：尖底
瓶是作为礼器来使用的，而不是欹器③。

兰州研究史前文化的收藏家张靖先生也考证，尖底瓶不是汲水器。仰韶居民
没有水井，他们生活在河边上，从河里面取水，尖底瓶无论从容量运输等方面都
不适合成为水器。他有一个推测：做暖水瓶用。古人把瓶子特意做成尖底，肯定
是有特殊的需要。尖底最突出的功能是比平底器物更容易地插进松软的物质中。
据发掘资料，仰韶文化的居民在其半地穴居室内都设有一个灶坑和保存火种的砂
陶罐。灶坑兼备做饭和取暖双重功能。灶坑内有燃烧后的灰烬，这些灰烬蓄热性
能非常好，可以长时间保持热量。仰韶居民为了在冷天或者夜里也可以喝到热
水，就可以把装水的尖底瓶很方便地插进灰烬中。需要饮水时取出来，喝完再插
进去。由于做暖水瓶用，所以可大可小，可以有耳，也可以无耳。

尖底瓶，一个充满争论和推测的容器，也许随着今后的考古资料的进一步充
实而得到正确结论。

---

① 林少雄著：《洪荒燧影响·甘肃彩陶的文化意蕴》，1999 年 07 月第 1 版，第 78 页。
② 苏秉琦著：《华人·龙的传人·中国人——考古寻根记》，辽宁大学出版社，1994 年 09 月
第 1 版，第 120 页。
③ 孙霄：《欹器与尖底瓶考略》，《文博》1990 年 8 月第 4 期。

# 文明之曙光

## ● 陶扁壶和文字

陶寺出土的陶扁壶（图47），如果平放活生生像只王八，所以也称王八壶。它是尧、舜时期人们常用的一种盛水和盛酒的器物。

扁壶一直贯穿于中华民族的发展史。其造型基本特征是口部和腹部均呈一面鼓凸，另一面扁平或微凹，以利入水，颈或口部设泥鋬，便于系绳。这一时期的扁壶皆为泥质灰陶，手制，其使用时间与陶寺文化相始终①。

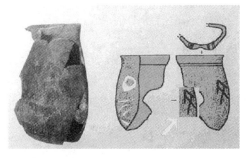

**图47 陶寺扁壶与文字**

---

① 白云翔、顾智界：《中国文明起源座谈纪要》，《考古》1989 年第 12 期。

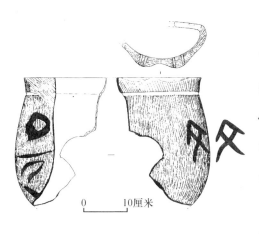

图 48　"文"字扁壶

但陶寺扁壶最吸引人的地方并不是它独特的外貌，而是在其中的一件陶扁壶上发现了用毛笔书写的两个字（图48）。这两个字并不是连续的，一个是在陶扁壶的正面鼓腹部，用毛笔蘸红颜色写的一个"文"字，这个"文"字目前没有争议；另一个是在扁壶平直背面用毛笔蘸红颜色书写的一个象形字，这个字目前有很大争议，主要有罗琨先生的"易"或者是"阳"字解读，[①] 何驽先生的"尧"字解读[②]，王连成先生的"是"字解读[③]。

"文"字没有争议是因为这个字已经非常成熟了，而且有明显的笔锋，显然是用毛笔书写的。在此前发现的成熟文字是商代甲骨文（图49），甲骨文可识文字达1000余字，文字结构已从独体趋向合体，基本具备了象形、指事、会意、假借、转注、形声"六书"的汉字构造法则，文字形象、劲健挺秀，所以说甲骨文是一种已经成熟了的文字。但甲骨文是商代的，不超过公元前1600年。任何事物都有一个发展的过程，文字也是，商代甲骨文不可能从一诞生就是一种成熟文字，就好比刚生来的孩子就会说话，这是不符合逻辑的。

图 49　甲骨文

---

① 罗琨：《陶寺陶文考释》，《中国社会科学院古代文明研究中心通讯》，2001年7月第2期。

② 何驽：《陶寺遗址扁壶朱书"文字"新探》，《中国文物报》，2003年11月28日版。

③ 王连成：《陶寺扁壶朱书文字训诂辨正》，2007年7月6日，新浪博客。

那么有没有比甲骨文还早的字？从史书记载来看，《荀子》、《吕氏春秋》、《韩非子》、《世本》都记载有仓颉造字的传说。许慎的《说文》序中也说道："及神农氏结绳为治而统其事，庶业其繁，饰伪萌生。黄帝之史仓颉见鸟兽蹄迒之迹，知分理之可相别异也，初造书契，百工以乂，万品以察。"①仓颉是黄帝时的史官，其时代大约在公元前 2500 年。

文献记载仓颉造字始于黄帝之时，但由于漫漫岁月的湮没，于今已很难寻觅踪迹。可幸的是，在陶寺城址的考古发掘中居然发现了迄今为止中国最为古老的成熟文字，那就是在陶寺遗址中出土的陶扁壶上用毛笔朱书的字。陶寺遗址经过专家们的千百次论证已经证明是尧时期的都城，同时说明这件残破的扁壶上的文字也即尧时的文字，仓颉造字以铁的事实被证实。

从两个出土的文字看，一个没有争议的"文"字已经是成熟的，应该是甲骨文的前身，而那个有争议的字是一个象形字，有字符的因素在里面。这说明陶寺文字正是一个由字符字向成熟字过渡的时期，我们姑且不论这两个字的含义，单从它的出世而言，已经把中华文明推演到了 4700 年以前的尧时代。因为在任何时候，文字都总是文化与文明的最基本和最典型的表征与体现。

无独有偶，同时期还在黄城岗发现了成熟文字"共"。此字的形体结构与商代甲骨文、西周金文相似，系由左右两部分组成，像两手有所执持，当是一个会意字，就是一个"共"字②。王城岗遗址也是龙山文化时期，因此，可以断定龙山文化时期即尧舜时已经出现了成熟文字。从陶寺文字和黄城岗文字综合看，最初的文字，决不可能出于一时一人之手，它是在漫长的岁月里由为数众多的人通过劳动和生活实践共同创造的，所谓"作书者众"，荀子说的最确切③。仓颉造

① 王梦华著：《说文解字释要》，吉林教育出版社，1990 年 07 月第 1 版，第 71 页。
② 河南博物院编：《河南博物院落成暨河南省博物馆建馆 70 周年纪念论文集》，中州古籍出版社，1998 年 07 月第 1 版，第 167 页。
③ 黄勇、张景丽、金昌海主编：《新编中国大百科全书·语言文字》，延边大学出版社，2005 年 03 月第 1 版，第 35 页。

字只不过是在黄帝时他总结前人经验，把大家发明的字系统了一下而已。

当然，单从字符的意义上说，陶寺扁壶上的朱书文字，是还不能算做最早和最古老的，因为在它之前，目前发现的有关资料还有：西安半坡等仰韶文化遗址出土的距今约6000年的陶器上的刻划符号；山东首县陵阳河等遗址出土的距今约4500年的大汶口文化晚期的陶器上的刻划符号等。郭沫若就曾对从仰韶文化半坡遗址中发现的字符作过如下评说"其意义至今虽未阐明，但无疑是具有文字性质的符号，如花押或族徽之类"①。

但是，陶寺文字（符）与所有此前发现的字符相比，"字"的成分多了，"符"的成分少了，且变随意刻划为正式书写，虽然有争议的那个字是个象形字符，但同样可以从中看到用笔的熟练和笔画的运用。从这个意义上讲，陶寺文字是迄今为止在考古中发现的中华民族最古老和最典型的文字。它的意义，绝非此前所发现的那些字符可以与之同日而语。正如恩格斯所说，人类由愚蛮向文明的过渡，正是"由于文字的发明及其应用于文献记录"才得以实现②。

文字是人类社会发展到一定阶段的产物，只有当人类社会发展到了对文字有了迫切的需要以及文字产生的条件已经基本具备的时候，文字才会产生，这两方面缺一不可，否则，文字是不可能产生的。中国的古文字是世界古文字学中的一部分。目前在世界上有三种最古老的文字，一是埃及的图画文字；二是两河流域的楔形文字；第三种就是中国的方块文字。中国文字和其他两种文字的最大区别是中国文字是注音文字，它的音和字形之间几乎没有什么直接的关系。而其他两种文字演变为字母文字后，成了标音文字，发音和单词之间有非常紧密的联系。如"is"、"room"等，把音念出来后，单词也就形成了③。最可惜的是，两河流域的楔形文字在公元1世纪的时候消失了。而中国文字不仅是由古代图画文字变

① 卢仁声著：《传播手段基础》，四川人民出版社，1990年06月第1版，第7页。
② 朱寰著：《世界上古中古史》，高等教育出版社，1997年07月第1版，第27页。
③ 钱歌川著：《翻译的基本知识》，湖南科学技术出版社，1981年04月第1版，第1页。

成近代文字的唯一的仅存的重要材料，也是在拼音文字外另一种有价值的文字，这对世界文字学有相当重要的研究价值。

必须指出的是，字符虽是广大群众所创造，但文字并不是自然而然地自发地产生出来的。文字必须经过专门的一批人进行整理、整齐划一、改造创制才能产生，这批人就是专门的脑力劳动者，即古代的知识分子。亦即文字必须由知识分子来创制，只有社会上有了专门的知识分子阶层时，文字才能产生。也就是说，只有当社会发展出现了体力劳动与脑力劳动的分离，文字才可能产生。而体力劳动与脑力劳动的分离正是人类历史进入文明时代才出现的，因此，文字是伴随文明的产生而产生的，文字是人类社会发展进入文明的标志之一。

## ● 磬和鼓

磬，《说文》中解释："磬，乐石也，从石声。"古代乐器，用石或玉雕成。悬挂于架上，击之而鸣。《礼记》中有"叔之离磬"之句，《世本》中有"无句作磬"之说，注疏家一般认为"叔"和"无句"都是尧时代的人，但并无证据可考①。

鼓是一种击奏膜鸣乐器，关于它的出现有种种说法，如《山海经·大荒东经》记载："东海中有流波山，入海七千里。其上有兽，状如牛，苍身而无角，一足，出入水则必风雨，其光如日月，其声如雷，其名曰夔。黄帝得之，以其皮为鼓，橛以雷兽之骨，声闻五百里，以威天下。"鼓在古代人们心中占有突出地位。这里的夔是传说中的独角兽，也是龙的前身。也有学者认为是穿山甲，或是獬豸②。

---

① 中央人民广播电台《午间半小时》节目组编：《知识启示录·十种古乐器及其发明者》，甘肃人民出版社，1990 年 06 月第 1 版，第 194 页。
② 牛龙菲著：《古乐发隐》，甘肃人民出版社，1985 年 03 月第 1 版，第 78、79 页。

《诗经·大雅》中说道："救之陾陾，度之薨薨，筑之登登，削屡冯冯，百堵皆兴，鼛鼓弗胜。"① 可见"磬"和"鼓"是陈于庙堂之上的高级礼器②。

由以上资料我们得之，"磬"和"鼓"是黄帝和尧时代的产物，那么有没有文物可证呢？

**图 50　鼍鼓**

从 1978～1984 年中国社会科学院考古研究所在山西襄汾陶寺先后进行了 14 个季度的发掘，发现了陶寺早、中、晚三期文化遗存。在陶寺墓葬中的五座大墓中出土有鼍鼓（图 50）和特磬（图 51）③。

"鼍鼓"一词，文献上最早见于《诗经·大雅·灵台》篇，有"鼍鼓逢逢"一语④，表明周人在灵台上进行祭祀时是用鼍鼓作为乐器，击打鼍鼓发出嘭嘭的声音，产生一种庄严的感觉。灵台为周人祭坛，位于周人都城丰镐附近。《大戴礼·夏小正》："剥鳝以为鼓也。"所谓鼍鼓也就是一种以穿山甲的皮所作的鼓。河南侯家庄殷墓曾出土鼓腔，上有清晰的蟒皮印纹可证实这一说法⑤。用鼍皮做鼓，在中国古代很盛行。

汉代司马相如有一篇《上林赋》，其中有一段写天子狩猎后，为消除疲劳，

---

① 林庚、冯沅君：《中国历代诗歌选》，1964 年 01 月第 1 版，第 41 页。

② 1985 年 11 月苏秉琦先生在考察陶寺遗址后，在侯马作关于陶寺文化特点、资料整理与报告编写、晋南考古课题的长篇报告时指出："陶寺遗址的发现，为中国考古学增添了重要的一页。尽管暂时还没有挖到城，还没有发现城墙或大型夯土建筑基础，我仍然认为，这里就是一处古城。道理很简单：一般的村落遗址不会有那样的墓群，达不到那样高的水平。……特磬同鼍鼓是配套的，演奏时可以和声。不能视同一般的乐器，这是陈于庙堂之上的高级乐器，庄严的礼器。"苏秉琦：《华人·龙的传人·中国人——考古寻根记》。

③ 山西考古研究所编：《山西考古四十年》，山西人民出版社，1994 年 7 月版，第 101 页。

④ 中国古代铜鼓研究会编：《铜鼓和青铜文化的新探索》，广西民族出版社，1993 年 10 月第 1 版，第 87 页。

⑤ 朱狄著：《艺术的起源》，中国社会科学出版社，1982 年 04 月第 1 版，第 253 页。

设酒宴观看歌舞演出的情形："于是乎游戏懈怠，置酒乎昊天之台，张乐乎轇輵之宇；撞千石之钟，立万石之虞，建翠华之旗，树灵鼍之鼓。奏陶唐氏之舞，听葛天氏之歌，千人唱，万人和，山陵为之震动，川谷为之荡没。"[①] 这说明在汉代还经常用鼍鼓作乐，可见它是中国古代很有特点的一种文化现象。

图51　石磬

在陶寺大型墓中，成对的鼓与磬放置位置固定。陶寺大墓随葬的鼓，鼓身皆作竖立桶形，用树干挖制而成，外壁着彩绘，鼓皮由鳄鱼皮包蒙。石磬上端两面对钻一孔，通长80厘米，实为特磬。整体形状与1950年安阳武官村大墓出土的虎纹石磬、1973年在殷墟宫殿区发现的龙纹石磬相近[②]。

根据以往地下发掘材料，传世铜器铭文及文献记载都一再证明鼍鼓、特磬，乃是王室重器。很明显，鼍鼓、特磬只有在国家举行大型祭祀活动时才使用，作为随葬品，它正好说明墓主人就是祭祀活动的中心人物。鼍鼓、特磬的发现使我们可以断定这里具有王墓性质的大墓在陶寺遗址的发现，反过来可以证明：这里曾经是一座"王都"。

苏秉琦先生把陶寺的"磬"和"鼓"结合到仰韶文化中的"玫瑰花"、红山文化中的"龙"以及河套文化中的"斝"与"瓮"形象的写了一首诗："华山玫瑰燕山龙，大青山下斝与瓮，汾河湾旁磬和鼓，夏商周与晋文化。"这首诗形象的描绘了中国文明以及晋文化的序列关系。"磬"和"鼓"的出现，突出地表明了陶寺遗址的规格与水平。说明了相对于红山文化后期"古国"时代的"坛"、

① 余从、周育德、金水合著：《中国戏曲史略》，人民音乐出版社，1993年12月第1版，第15页。
② 参考中国社会科学院考古研究所山西工作队：《山西襄汾陶寺遗址发掘简报》，《考古》1980年第1期。高天麟：《陶寺遗址七年来的发掘工作汇报》，《晋文化研讨会纪要》，1985年11月侯马。

文明之曙光

"庙"、"冢"以及"玉龙"等礼器，陶寺文化已经进入到更高阶段的"方国"时代。换句话讲，陶寺文化是华山脚下的仰韶文化同燕山一带的红山文化两大文化系统在汾河湾旁交汇与碰撞的火花，这个火花就是华夏文明的曙光①。

## ● 观象台

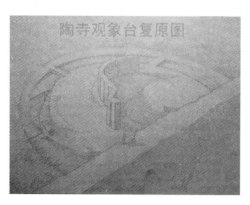

**图52　观象台复原图**

陶寺遗址位于山西省临汾市襄汾县陶寺乡，面积约为300万平方米，为一处尧舜时期的文化中心聚落。1978年，考古学家在发掘陶寺遗址时发现了一座世界上最古老的天文观象台（图52）。面对这座观象台，中国科学院院士王绶琯说："中国有着五千年光辉灿烂的文明史，中国古代天文学领先于世界各国。但由于文献记载的缺失，我们对于商、周以前上古天文学的发达水平，知之甚少，这一考古发掘弥补了这一缺憾。"②

观象台位于陶寺遗址中期小城内祭祀区，距今有4700年，总面积大约在1400平方米左右。从外观上看，观象台呈大半圆形，主观测点台基直径约

**图53　观象台空中全景**

① 李元庆著：《晋学初集》，山西人民出版社，2003年11月版，第147页。
② 参阅王绶琯在《陶寺城址建筑功能及科学意义论证会》上的讲话，2005年10月24日北京。

文明的见证

40 米，外环道的直径约 60 米（图 53）。主观测台上有 3 个圈层的夯土结构，第一圈内有 13 个夯土柱础，由西向东呈扇状辐射排列。每座柱础长约 90 厘米，宽约 70 厘米。这些夯土柱础形成 12 道缝隙，缝距一般为 15 厘米，最宽的有 50 厘米，石柱高不低于 4 米。古人透过柱与柱之间的缝隙观测太阳与周围山峰的切线，根据每一天太阳升起的不同位置来划分节气。陶寺观象台，呈现出三层台阶结构，结构的中心是一个扇形的中心，从中心向外辐射，可以划分 24 个小扇形，和 12 道石柱缝隙相对。每到一个节气太阳光就从石缝中射出刚好落到扇形的中心，通过的那个小扇形就是节气标志。正是这种对太阳周年的观测运动，才有了后来北京天坛的寓意造型①。

这座观象台是迄今为止中国发现的最古老的天文观象遗址，它可以和英国的巨石阵观象台相媲美。英国南安普顿郡西北约 40 公里处的威尔特郡的伯爵领地，有一个小村庄名叫阿姆斯伯里，村西的原野上有一座历尽沧桑、俯视原野的石柱群，这就是著名的巨石阵观象台。巨石阵的历史约在新石器时代晚期和青铜时代早期，和中国的尧舜时期相当。巨石阵从阵形上分为内外两个同心的圆圈。外圈最初由 30 根矗立的砂岩石柱构成，每根石柱高约 4.5 米，现存的 16 根石柱仍疏疏地立在其原先的位置，恪守自己最初的使命。巨石阵的中间一圈是石柱，外围还有许多大小石头，其中好些石头互相联结而成的直线，分别在夏天、冬天或别的节气时，指向太阳和月球升起或降落的方向。巨石阵建筑中的石柱、石牌坊的位置具有规律性。两柱间狭窄的拱道可以作为观察孔，从外环拱道向内环拱道观望时，由于视角受到限制，使得视线沿外环拱道指向某一个特定的方向。使用今日的计算机可以计算出，12 条拱道示意太阳运行的 12 个方位；另外 12 条拱道示意月亮运行的 12 个方位，凭它可以精确地观测和推算日月星辰在不同季节的起

---

① 以上资料由何驽先生于 2009 年 12 月 22 日冬至日时，在陶寺遗址观象台实地观测时的讲话，观象台的最早提出就是何驽先生经过 7 年的观测得到的。

落。可以肯定，当时的建设者一定具有很高的数学和天文学知识①。

中国古代天文学是非常发达的。有关中国古代天文学的记载也是非常多的。如在今本《竹书记年》卷上载："帝仲康五年秋九月，庚戌朔日有食之，命风侯师师征羲和。"孔安国曰："羲氏、和氏世掌天地四时之官，自唐虞至三代，世职不承绝。太康之后，沉湎于酒，过差非度，废天时，乱甲乙。"这是说夏代仲康五年，羲氏、和氏沉湎于酒，荒废其职，这年九月初一发生的一次日食，他们竟事先不知，因此遭到征伐②。在夏代就有因天象观测失职而导致杀头的事，说明天文一事在中国古代是受到统治阶级高度重视的。

其实，羲氏、和氏并不是被杀的那两个人的名字，而只是他们家族的"姓"。我国上古时期，凡是从事羲、和这种管时间、观天象职业的，都是子继父业，一代一代往下传。所以早在这两个人以前许久，就有了专门掌管测时观天象的"天官"了。据古书记载，至少可以推测到尧的时代去，因为正是尧"乃命羲、和，敬授民时"③。

可以说，天文学始终是中国古代的"皇家学科"，是一门地地道道的"官学"。

传说夏的天文台叫清台，商的天文台叫神台，周的天文台叫灵台。这些天文台既是观测天象的机构，也是祭祀日月和上天的场所。

通过天象的观测，中国人创立了历法，夏代用天干纪日，十天一个周期，于是就有了"旬"的概念，商代在夏历的基础上使用了干支纪日法，把天干与地支相结合，60天一个循环。商代有了初步完备的阴阳合历，就是年采用地球绕太阳公转一周的时间，月采用月亮绕地球公转一周的时间，两者之间的时间差距

① 李运壁主编：《石材应用、开发与投资指南》，地质出版社，1999年05月第1版，第5页。
② 蔡运章著：《甲骨金文与古史研究》，中州古籍出版社，1993年12月第1版，第49页。
③ 郭立诚著：《中国民俗史话》，百花文艺出版社，2005年01月第1版，第4页。

用大小月来调整朔望，设置闰来调整朔望月和回归年的长度。阴阳合历的制度，中国一直沿用了好几千年，形成了有中国特色的历日制度体系，因此中国的历法虽然称之为阴历，实际上是阴阳合历。

图54　立表测影（模拟）

周代的历法在商代的基础上又有发展，已经发明了圭表测影（图54）的方法，确定冬至和夏至。

春秋战国的历法比较成熟，采用的古四分历，将一回归年的时间定为365又1/4日，一朔望月的时间为29又499/940日，19年中设7个闰月，这些数据在当时的世界天文学上是很先进的，回归年的长度只比真值多11分钟，中国后世的历法都是在古分历的基础上不断加以修正、改进的①。

历代都在朝廷里设专门的司天人员或天文机构，从大史局、司天监、司天局到钦天监等，并配备数量庞大的专门学者，如唐代大史局曾拥有1000多人。甚至连战乱年代还有少数民族政权也设天官②。这种传统，从传说中的唐尧一直到清末始终未断，可说是一脉相承，薪火不绝。这在世界上是绝无仅有的。

天文学能够在汾河流域作为一门最古老的科学发展起来，是基于以下几个方面的原因。

首先，生活和生产的需要。汾河流域也是我国农业起源的地方，是世界上最早进入农耕生活的地区之一。农业生产要求人们有准确的农事季节，而农事季节

---

① 张侃编著：《中国历史概论》，中国财政经济出版社，2000年08月第1版，第160页。
② 杨小明、张怡著：《中国科技十二讲》，重庆出版社，2008年01月第1版，第92页。

的把握又与古人对天象的精确观察是分不开的，这样便促进了古代天文学的发展。季节和气候不但与农业生产有关，而且与人们的日常生活也有直接的关系。但由于古代科学尚不发达，人们无法借助一些先进的仪器进行探测，也无法得到一些现成的结论，故而只好依靠自身的观察来做出判断了。久而久之，山民、村妇、儿童也无不具备一定天文知识，流传在民间的一些关于天气的谚语就是证明，如"一场秋雨一场寒，十场秋雨穿上棉"、"正月初一打下霜，一担种谷只有一把秧"、"惊蛰栽蒜，夏至吃面"、"三月初头刮阵风，养蚕老婆一场空"等①。

其次，由于对天的崇拜，促使了人们对天象的关心。古代统治者称自己是天的儿子，因而天象的任何一种变化，都被认为与统治者的命运休戚相关。《史记·天官书》中说："日变（日食）修德，月变省刑，星变结和。"② 公元前178年，发生了一次日食，汉文帝为此下诏："朕闻之：天生民，为之置君以养、治之。人主不德，布政不均，则天示之灾以戒不治。乃十一月晦，日有食之，谪见于天，灾孰大焉！朕获保宗庙，以微眇之身托于士民君王之上，天下治乱，在予一人，唯二三执政，犹吾股肱也。朕下不能治育群生，上以累三光之明，其不德大矣。"③ 因日食而下罪己诏，这说明天象在统治阶层中的重要性。但从另一个角度讲，由于国家有专门机构和专门官员的设置，则便保存了持久而完整的天象记录，并在一定程度上把握了天体运行的某种规律，从而也促进了古代天文学的发展。兼以我国的地理位置处在北半球，而北半球所能观察到的星体又比南半球为多，更为天文学的研究提供了方便的条件④。

一般认为，古天文学和古代文明一起发生和成长。由于远古人类生产生活的

① 季成家著：《中国谚语选（下册）》，甘肃人民出版社，1981 年 12 月第 1 版，第 22、25、29、34 页。

② （汉）司马迁撰：《史记》，中华书局，2008 年 11 月版，第 552 页。

③ 刘虹著：《中国选士制度史》，湖南教育出版社，1992 年 09 月第 1 版，第 38 页。

④ 张崇琛著：《中国古代文化史》，甘肃人民出版社，2005 年 5 月版，第 23 页。

绝对必需，早在人类文明诞生之初就有了天文学萌芽。具体说来，在新石器时代，人类已有了农牧业生产。从中国文化的实践和考古材料看，到原始社会的晚期，如仰韶文化时期，农业已相当发达。而农业生产过程离不了天文学知识的掌握。正如恩格斯《自然辩证法》所说的："必须研究自然科学各个部门的顺序的发展。首先是天文学，游牧民族和农业民族为了定季节，就已经绝对需要它。"[①]中国的自然条件决定了农业生产方式的较早出现。于是，原始天文学随着农业的发生而产生。

陶寺观象台的发现为我们托出了一个清晰可鉴的具有重大历史意义和广泛认识价值的时代，并以其自身长久积淀的文明印痕遂使4700年前的人文社会景观突现眼前，在强烈的视觉冲击中引发出我们对中华传统文化与古代文明的诸多现实回应与理性思考。

## ● 陶寺古城

陶寺遗址位于汾河以东，塔儿山西麓，山西襄汾县城东北约7.5公里许的陶寺村以南。遗址总面积在300万平方米以上。陶寺遗址经过近30年的考古发掘，终于在此地发现了早期小城和中期城址。其早期遗存的年代经碳$^{14}$C测定为公元2400～前2200年之间[②]，其地理位置与史载"尧都平阳"的地望相合。

城市是人类生活聚落的发展形态，是社会的政治、经济、文化中心，在社会生活中居主导地位。城市的出现，不是原始社会公有制的体现，而是阶级社会阶级压迫的反映，是国家形成的物质表现，所以城市的出现是中国古代社会进入文

① 马克思、恩格斯著：《马克思恩格斯选集》第三卷，人民出版社，1972年5月版，第523页。
② 参考山西省考古研究所编：《山西考古四十年》，山西人民出版社，1994年7月版，第100页。高天麟：《陶寺遗址七年来的发掘工作汇报》，《晋文化研讨会纪要》，1985年11月侯马。

图 55　陶寺城池（模型）

陶寺中期城址分大城和小城（图55），大城平面为圆角长方形，面积约270万平方米。小城面积约10万平方米。陶寺早期小城总面积为56万平方米。贵族居住区设置在小城的南部，大致分为东、西两个小区。下层贵族居西区，上层贵族居东区，东区即"宫殿区"。宫殿区的东半部是生活垃圾区，在此出土了三块篦点戳纹白灰墙皮和一大块带蓝彩的白灰墙皮。说明小城内不仅有宏伟的宫殿，而且宫殿建筑的墙壁曾有彩绘，由此可见宫殿主人的身份与地位②。

陶寺城池是伴随着黄帝、尧、舜等部落的出现而出现的。《帝王世纪》中说："自黄帝以上，穴居而野处……及至黄帝，为筑宫室，上栋下宇。"③ 这说明，人类在进入部落时代后，就已开始筑屋而居了，但此时尚未形成城市。

中国古代文献中关于城市起源的记载，大致为两种说法。一种认为在三皇五帝时期出现城市。例如《汉书·食货志》中晁错说："神农之教曰：有石城十仞，汤池百步。"④《轩辕本纪》中也记载："黄帝筑城，造五邑。"⑤ 等。另一种认为城市出现于鲧、禹时期。《世本·作篇》说："鲧作城郭。"⑥《淮南子·原道

① 李先登著：《夏商周青铜文明探研》，科学出版社，2001 年 9 月版，第 6 页。
② 何驽、严志斌、宋建忠：《襄汾陶寺城址发掘显现暴力色彩确认了陶寺早期小城、宫殿区、中期小城内墓地》，《中国文物报》2003 年 1 月 31 日第 1 版。
③ 许顺湛著：《黄河文明的曙光》，中州古籍出版社，1993 年 10 月第 1 版，第 347 页。
④ 张鸿雁：《春秋战国城市经济发展史论》，辽宁大学出版社，1988 年 07 月第 1 版，第 34 页。
⑤ 邬学德、刘炎主编：《河南古代建筑史》，中州古籍出版社，2001 年 12 月第 1 版，第 25 页。
⑥ 张学海主编：《纪念城子崖遗址发掘六十周年国际学术讨论会文集》，齐鲁书社，1993 年 11 月第 1 版，第 86 页。

文明的见证

训》中也说："昔者夏鲧作三仞之城，诸侯背之，海外有狡心。"①《吕氏春秋·君守》中也有记载："夏鲧作城。"② 鲧为禹之父，禹是中国古代第一个奴隶制王朝夏代的创始者，处在中国古代从原始社会末期向阶级社会初期的转变时期。因此，可以断定"鲧作城"与"禹作城"实际上是一致的，鲧和禹都是尧、舜时期的人物，所以说陶寺城池就出现于尧、舜时期。

从目前发现的考古材料看，河南登丰王城岗城址和山西陶寺城址是我国较早的古城。王城岗是禹都阳城所在③，陶寺是尧都平阳所在④。

在山西晋南地区除陶寺城池外，还发现同时期的龙山文化遗址达 70 余处⑤。主要集中在临汾盆地塔儿山周围的汾、浍地带，遗址分布不但数量多、规模大，而且十分密集。这些遗存都是当年一些大型农耕部落聚落群的居址，正是这些大型农耕部落聚落群的出现，才奠定了陶寺城作为"王都"的社会基础和地位。尽管现在尚无确证可以说明它与"尧都"或"禹都"有何必然的联系，但它在地望、年代与规模等方面，都与尧、舜、禹时期都邑性城址条件相称⑥。

就全国而言，无论是长江流域（以良渚文化为代表）还是辽河流域（以红山文化为代表），目前所发现的这一时期大型部落群的地区，无论从分布密度及广度和群体数量及个体质量上都无法与陶寺文化遗址群相比。

在长江、黄河、辽河近 10 多年来的重大发现，揭开了五帝时期古史的面纱，随着公元前四五千年以来文明因素在氏族母体中的孕育、积累，大致从公元前

---

① 杨国勇主编：《华夏文明研究：山西上古史新探》，中国社会科学出版社，2002 年 03 月第 1 版，第 78 页。
② 朱芳圃遗著、王珍整理：《中国古代神话与史实》，中州书画出版社，1982 年 11 月第 1 版，第 26 页。
③ 河南省文物研究所：《登丰王城岗遗址的发掘》，《文物》1983 年第 3 期。
④ 王文清：《陶寺遗存可能是陶唐氏文化遗存》，《华夏文明》，北京大学出版社，1987 年第 1 集。
⑤ 高炜、高天麟、张岱海：《关于陶寺墓地的几个问题》，《考古》1983 年第 6 期。
⑥ 梁星彭、严志斌：《陶寺城址的发现及其对中国古代文明起源研究的学术意义》，《中国社会科学院古代文明研究中心通讯》2002 总第 3 期。

3500 年仰韶时代晚期已经迈开走向文明的步伐。龙山时代早期，在长江中、下游和黄河下游等文化因素高度发达地区，率先进入文明社会。至龙山时代中叶，晋西南的陶寺文化如异军突起，后来居上，从巨大的中心遗址和网络状多层聚落群的形成，尤其是从宗教内容的淡薄和礼制的趋向成熟来看，其社会发展达到比红山文化晚期、大汶口文化晚期甚至包括良渚文化更高的阶段，已由雏形国家实体变为具有成熟国家形态的方国①。苏秉琦先生针对陶寺遗址的重要意义指出："大致在距今 4500 年左右，最先进历史舞台转移到晋南"。"陶寺遗址不同一般"，"陶寺文化面貌已经具备了从燕山以北至长江以南广大地区的综合体性质"，"如同车辐聚于车毂那样"，把中原的仰韶文化、北方的红山文化与河套文化，东方的大汶口文化以至江南的良渚文化诸因素，统统聚合到一起来了，由此"奠定了华夏族君的根基"②。的确从考古发现的资料来看，在同一时期的中国境内，无论哪里的遗址都没有陶寺遗址的水平高，进步程度大，由此可见，由汾河、浍河构织的三角洲孕育了陶寺农耕部落聚落群的成片出现，陶寺城池的构筑也正好说明龙山文化时期这一地区农业经济的高度发达，进而发达的农业又夯实了陶寺城池的根基。换句话讲，临汾盆地边缘地带出现的农耕部落群是华夏文明形成的根基，也是华夏文明曙光升起的地方。

陶寺城池的出现，一方面固然是尧、舜部落为了聚居的需要，但另一方面更重要的还在于它是为了适应国家机器能够得以集中而正常地运作的需要。它具有划时代的意义，正如恩格斯所说："在新的设防城市周围屹立着高峻的墙壁并非无故，它们的壕沟深陷为氏族制度的墓穴，而它们的城楼已经耸入文明时

---

① 中国考古学会、山西省考古学会、山西省考古研究所编：《汾河湾》，山西高校联合出版社，1996 年 6 月版，第 115 页。

② 苏秉琦著：《华人·龙的传人·中国人——考古寻根记》，辽宁大学出版社，1994 年版，第 84、89、192 页。

代了。"①

对于一个初具国家形态的城市来说，我们可以清楚地看到街区屋舍、宫殿群落、祭祀建筑、墓葬区、观象台、水井、道路和仓储设施等②。城市所必备的要素在对陶寺城址的发掘中不仅都找到了，而且其规模之大和典型性也都超乎寻常的。

尽管陶寺城址在早期、中期和晚期三个时期中是不断地发生着局部的迁徙和变更的，同时由于年代久远，在这样的情况下仍能够留下现在这样的遗迹，确实是难能可贵的。更重要的是，从这些城址遗迹中完全可以看出当时城邑的建筑规模和宏伟气象，特别是各种标志性建筑，如宫殿、祭坛、观象台，以及仓储区、墓葬区、街市区和道路等遗迹的出土，更说明陶寺城址在当时不仅是典型的城邑，而且是一座气势宏大的"王都"。

那么这座"王都"的主人也可以断定就是"唐尧"。陶寺城址作为一个初期国家权力中心，无论是从历史地望来看，还是从考古学提供的资料来看，均符合"尧都平阳"的条件，唐尧在此所留下的文化遗迹将昭示世人，为探索中华文明的起源在此迈出第一步。

## ● 龙盘

龙作为中华民族的象征，起源于远古龙图腾崇拜。现在，一般学者在探索中国文明起源的时候，把"城市、文字、冶金术"作为文明起源的必备条件，而忽视了中国文明起源之初意识形态领域中的东西，即"最初"形成的民族崇拜观念与"传统"的民族崇拜观念之间的关系。陶寺大墓中发现的精美的彩绘蟠

---

① 中共中央马克思恩格斯列宁斯大林著作编译局编译：《马克思恩格斯全集》第21卷，人民出版社，2003年5月版，第188页。
② 山西省考古研究所编：《山西考古四十年》，山西人民出版社，1994年7月版，第101页。

图 56　龙盘

龙陶盘（图 56），不仅展示出"陶寺文化"与同期其他文化相比先进发达的一面，而且反映出唐尧时代独具特色的意识形态——"龙"崇拜。

目前能看到最早的龙图腾实物为红山文化中的玉龙。此玉龙呈墨绿色，体卷曲呈"C"字形，高 26 厘米，昂首、弯背、卷尾，颈背有长达 21 厘米的鬣，呈扁平片状，占全器 1/3，吻部前伸，鼻端平且有对称两圆孔似猪鼻，眼为梭形，额及颐底刻有细密的方格网状纹，龙身截面大致呈椭圆形，龙背重心处有一小穿孔，如以绳悬挂则龙头、尾正处在同一垂直水平线上，除龙头部采用阴线刻和线浮雕的手法表现出眼、鼻、嘴外，通体光素无纹，琢磨极为精细，光洁圆润，龙身卷曲刚劲，长鬣飞扬，显得生气昂然①。

而山西陶寺遗址出土龙盘为泥质褐陶，盘壁斜成平底，外壁饰隐浅绳纹，内壁磨光，以红彩或红、白彩绘出蟠龙图案。龙纹在盘的内壁和盘心作蟠曲状，头在外圈，身向内卷，尾在盘底中心。形象作蛇躯鳞身，方头，豆状圆目，张巨口，牙上下两排，长舌外伸，舌前部呈树杈状分支。有的盘在龙颈部上下对称绘出鳍或鬣状物，与红山玉龙的明显区别是眼作豆状，也不同于商代龙呈"臣"字形，有大嘴，但和红山玉龙相同的地方都呈"C"形，蟠曲形态也相似，从整体形态上看，陶寺龙与红山玉龙是一脉相承的，它代表的是以中原民族文化和北方草原文化在陶寺文化相融合、相碰撞的结果。

从陶寺龙盘看，龙图腾是条蛇，蛇是龙的原型，龙的形象是蛇演变而来的，

---

① 昭明、利群合著：《中国古代玉器》，西北大学出版社，1993 年 11 月第 1 版，第 50 页。

但我们认为这种见解似是而非的。蛇系爬行动物，而传说中的龙和水的关系密切，民间故事中就有四海龙王之说。从文献记载来看，有"龙，水物也"，有"龙生于水，被五色而游，故神"①，有"积水成渊，蛟龙生焉"之说②。尤其是龙的本领非常强大，远远超过了蛇，蛇是无法与其相比的。再则，龙的原始形象首先是一种动物，与当时的原始先民的关系密切，能给他们提供生活上的帮助，唯其如此，人们才有可能把它当图腾。因为蛇的攻击性强，而且蛇和人们日常生活的关系也并不密切，所以可以断定龙盘上的图腾不应该是蛇的原型。

《山海经·海外西经》中有一条关于龙鱼的记载："龙鱼陵居，其状如狸"③，这种龙鱼长着一支角，似狸而陵居，还能够乘云直上。这种龙鱼究竟为何物呢？对于龙鱼的解释《尔雅》中说："鲵之大者谓之。鲵鱼又名人鱼，俗称娃娃鱼。"④ 因而我们推论，龙的原型是娃娃鱼。

临汾有娃娃鱼吗？有。1998 年 8 月 26 日，在尧都区乔李镇有一农民发现了一条罕见的特大"娃娃鱼"，这条珍稀动物为目前山西省最大的一条"娃娃鱼"，在全国也属少有。体长 81 厘米、重 3.1 公斤，已有 10 多岁⑤。尧舜时候，汾河中、下游的气候比现在还要温暖些。汾河水流得比较缓慢，河水也比较清；河流近岸的水里长满了水草，浅水里有螺，河岸上有蚌，深水里有鲤鱼和青鱼。而且当时汾河流域湖泊众多，沼泽随处可见⑥，因而在唐尧时期出现娃娃鱼是不容怀疑的了。

高炜、高天麟、张岱海等学者在研究陶寺彩绘蟠龙陶盘时指出："陶盘本是

---

① 邢莉著：《天神之谜》，学苑出版社，1994 年 10 月第 1 版，第 130 页。
② 张维胜著：《神手大胜（上册）》，中国社会科学出版社，2000 年 01 月第 1 版，第 272 页。
③ 韩格平、董莲池主编，沈薇薇译注：《山海经译注》，黑龙江人民出版社，2003 年 01 月第 1 版，第 132 页。
④ 何业恒编著：《中国珍稀爬行类两栖类和鱼类的历史变迁》，湖南师范大学出版社，1997 年 01 月第 1 版，第 83 页。
⑤ 参见《生活时报》1998 年 8 月 27 日第 1 版。
⑥ 李孟存著：《晋国史》，山西古籍出版社，1999 年 9 月版，第 2 页。

盛器或可作水器，但从出土物来看，火候很低，且烧成后涂饰的彩绘极易剥落，故大约只是一种祭器而非实用器。彩绘其他纹样的壶、瓶、罐、盆等类祭器，某些中型墓也可使用，唯龙盘仅发现在几座部落显贵的大型墓中，每墓且只一件。这就证明龙盘的规格很高，蟠龙图像非同一般纹饰，似乎有其特殊的含义。它很可能是氏族、部落的标志，如同后来商周铜器上的族徽一样。"[①] 彩绘陶龙盘在陶寺大型墓中的发现，说明陶寺龙山文化时期，这里有一个以龙为族徽的部落。彩绘陶龙盘在少数大墓中的发现，也说明墓主人作为龙的传人，就是"龙子、龙孙"，延续中国四五千年的"帝王"为"真龙天子"的观念崇拜，恐怕正源于此。

"龙"不是自然界实有的生物，它是远古初民曾经信奉过的一种图腾。闻一多先生曾从文字学、考古学和人类学的角度，从大量的古史典籍中，对龙图腾的产生和演变以及华夏诸族的龙图腾崇拜，进行过详细的考据和辨析，他认为图腾的龙，是一种兼具自然崇拜和祖先崇拜的至高神。这种由对超自然力的崇拜而引起的原始信仰，在人类进化的漫长途程中，逐步形成为一种具有相对稳定性的民俗心理，世代相传。所以在我国，凡是有山有水的地方，都或多或少有与龙相关的传说。

进入阶级社会以后，图腾式的氏族社会早已被国家所代替。支配人们生活、主宰人的命运的，已经不是虚构的图腾生物，而是威赫赫的人间帝王了。虽然，由于民俗传承的稳定性，求龙赐雨保平安的信仰依然还在延续，但与此同时，各种复杂的、带着鲜明感情色素和强烈的功利目的的社会政治因素，也以极快的速度注入龙体内了。龙的"神性"被人为地移植到人的身上。龙被人化；人，亦被龙化了。于是，自然的龙进而演进成人化的龙，关于龙的传说，也就随之产生

① 高炜、高天麟、张岱海：《关于陶寺墓地的几个问题》，《考古》1983 年第 6 期。

了深刻的变化。最能标志这种深刻变化的，是人间所谓的"真龙天子"的出现①。

## ● 漆绘游标圭尺

中国用漆作涂料的记载较早见于文献的有《韩非子·十过篇》："舜造漆器"②，韩非子认为虞舜时代就开始有漆器了；《周礼·载师》中也介绍，周代时百姓产漆须交四分之一国税③；《史记》中说"庄周尝为蒙漆园吏"，说明周代的时候已经有专门管理漆园的官吏了④；《史记·货殖列传》中也有"陈夏千亩漆，与千户侯等"⑤ 的说法，反映出当时人们对漆树的经济价值已有认识。古代不仅用漆来漆木器，而且贵族的车马饰物、甲胄弓矢也要涂漆装饰。1965 年湖北江陵望山楚墓中曾出土一件彩漆动物座屏，黑漆底上有数十种栩栩如生的动物彩绘⑥，反映出战国时期漆器制造技术的精练。

目前发现的中国最早的漆器文物是河姆渡文化的遗址中曾出土的朱漆木碗⑦。系采割天然漆树液汁进行炼制，掺进所需色料，制成绚丽夺目的器件，这是我国先人的创造发明之一。我国的漆器起源久远，出现在距今约 7000 年前的

————————

① 李惠芳：《民间文学的艺术美》，武汉大学出版社，1986 年 12 月第 1 版，第 53、54 页。
② 张维胜著：《妙手巧赢（下册）》，中国社会科学出版社，2000 年 01 月第 1 版，第 265 页。
③ 胡永林、李载本、程文久编写：《趣闻由来八百题》，辽宁人民出版社，1987 年 05 月第 1 版，第 290 页。
④ 高敏主编：《隐士传》，河南人民出版社，1994 年 11 月第 1 版，第 4 页。
⑤ 朱绍侯著：《秦汉土地制度与阶级关系》，中州古籍出版社，1985 年 03 月第 1 版，第 91 页。
⑥ 陈玉龙、杨通方著：《汉文化论纲·兼述中朝中日中越文化交流》，北京大学出版社，1993 年 06 月第 1 版，第 98 页。
⑦ 张广华主编：《艺术欣赏》，河南科学技术出版社，2007 年 03 月第 1 版，第 182 页。

浙江余姚河姆渡文化中后来的良渚文化中①。至夏商以后的漆制木器就更多了。

韩非子所说的"舜制漆器"虽是文献记载，但是"踏破铁鞋无觅处，得来全不费工夫"，20世纪考古学家在陶寺遗址中出土了精美的漆器，有生活用具如"案、俎、几、豆"等，还有观测天象用的"圭尺"。而且这些彩绘木器出土于大、中型墓中，数量比较少，是当时贵族的专用品②。陶寺遗址是尧、舜时代的产物，这么说，韩非子所说并不是空穴来风了。

这批木漆器的发现填补了我国木器到漆器发展史上的一段重要空白。它不仅将案、俎、盘等许多器物出现的年代提前到公元前2700多年，而且可以看出其中许多的器类、器形和彩绘纹样与商、周漆器有相似之处。有学者认为，4000多年前，黄河中游地区生长着茂密的植被，获取漆料并没有今天想象的那样困难。在黄河中、下游地区存在一个与江淮流域漆器工艺有联系、又有区别的古代北方漆工系统。张家坡、琉璃河等地有成批的西周漆器的发现，无疑对商代以来的北方漆工系统增添了重要证据。陶寺龙山文化彩绘木器开商、周漆器之先河，为中原地区商、周时期漆器工艺发展奠定了基础③。

陶寺遗址中出土的木勺、豆和案相对较多。木勺也称木斗，器物长柄扁平，斗与柄的夹角小于90°，通体施红彩，柄面加绘白色回形纹。出土时，放在圈足盘上。勺的造型则与殷墟妇好墓所出土的商代铜勺相似④。豆为通身髹红彩，彩皮剥落后呈卷状，其物理性能与该皮相似。出土时，有些豆周围局部残损，有的豆中心已塌陷。这些木豆成组出土于大型墓棺前木案旁侧⑤。《尔雅·释器》：

① 姚国坤、胡小军编著：《中国古代茶具》，上海文化出版社，1998年12月第1版，第67页。
② 杨国勇主编：《华夏文明研究：山西上古史新探》，中国社会科学出版社，2002年03月第1版，第68页。
③ 聂菲著：《中国古代漆器鉴赏》，四川大学出版社，2002年07月第1版，第77页。
④ 许顺湛著：《黄河文明的曙光》，中州古籍出版社，1993年10月第1版，第156页。
⑤ 聂菲著：《中国古代漆器鉴赏》，四川大学出版社，2002年07月第1版，第80页。

"木豆谓之豆。"郭璞注曰："豆，礼器也。"① 从这种器物的造型、组合和出土位置看，都应是一种十分庄重的礼器。陶寺墓葬出土的木案一般平面作长方形或圆角长方形，案呈"∏"形。案面彩绘，有的在案面红彩地上白彩绘边框式图案。木案皆置于棺前，案上陈设的全是酒器。其上放置木斗、木觚、木杯等器物②。陶寺早期彩绘木案与先秦漆案之间，在陈放位置、附设器物与用途等方面，颇具雷同之处。彩绘木案及有关遗迹的发现证明，在棺前设案置器致奠。这一商、周以来延续数千年的古老风习，实发端于中原龙山文化早期或更早一些。

尤其是陶寺漆器"圭尺"，实为一漆杆，残余全长171.8厘米，下端保存完好，上端清理时略有残损，中段有一段26.4厘米残朽无迹。但因漆杆是上下一体保护和整取的，因而断定漆杆上下是完整的一根杆子。刚出土时从漆杆局部剥落漆皮处可以清晰地看到木质纤维朽痕以及细线横向捆扎凹痕，漆杆先整体髹黑漆，再间断髹石绿色漆段，绿色漆段两端分别髹以粉红色漆条段与黑底漆相间隔，使漆杆体呈现出黑绿色段相间的醒目纹样③（图57）。

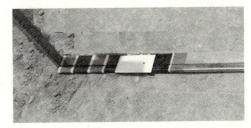

**图57 标尺（仿）**

何驽先生说，漆杆出土于陶寺中期王级大墓中，修饰精美。漆杆虽长但直径却只有2~3厘米，应当说机械强度不足以承担任何兵器的功能。漆杆上黑绿相间的色带很容易使人联想到测量用标杆。

① 蔡运章著：《甲骨金文与古史新探》，中国社会科学出版社，1996年10月第1版，第7页。
② 杨国勇主编：《华夏文明研究：山西上古史新探》，中国社会科学出版社，2002年03月第1版，第69页。
③ 何驽：《山西襄汾陶寺城址中期王级大墓ⅡM22出土漆杆"圭尺"功能试探?》《自然科学史研究》2009年第3期。

图58 圭表

陶寺观象台的出现，表明陶寺文化已经有了"观天授时"历法体系①，而目前中国有关天文观测更多的是采用圭表（图58），用圭表测日影，来确定夏至和冬至，如现在河南登封县还存有"周公测景台"遗址②（图59）。那么这个标杆是不是测时间的呢？何驽先生经过长时间的考证，精确地判断出，此标杆就是古代测时间的"圭尺"。何驽先生称为"日影游标圭尺"，可简称"游标圭尺"。之所以称"圭尺"，是因为漆杆测平地日影长度，其功能就是圭表系统中的"圭"，但"圭"之本意被汉儒们约定俗成为玉器，漆木杆单称"圭"不合汉唐传统概念；古尺则多以竹、木、骨材质为之，为尊重传统故称"圭尺"为宜③。

《周礼·考工记》说："土圭尺有五寸，以致日，以土地。"④ 说的是土圭用于测量二至的日影，也就是所谓的"夏至日影，长一尺五寸"⑤。这是古代关于土圭测时的说法，但是后来学者对土圭的解释一般认为土圭为玉质制器。《说文》中也有对圭的解释："圭，瑞

图59 周代测影台

① 杨小明、张怡合著：《中国科技十二讲》，重庆出版社，2008 年 01 月第 1 版，第 69 页。

② 刘长林著：《中国系统思维》，社会科学文献出版社，1990 年 07 月第 1 版，第 525 页。

③ 何驽：《山西襄汾陶寺城址中期王级大墓ⅡM22 出土漆杆"圭尺"功能试探?》《自然科学史研究》2009 年第 3 期。

④ 朱士光总主编：《黄帝故里故都历代文献汇典》，中国文联出版社，2005 年 08 月第 1 版，第 88 页。

⑤ 徐道一编著：《周易科学观》，地震出版社，1992 年 05 月第 1 版，第 58 页。

文明的见证

玉也。上圜下方。"[1] 说明过去的圭就是玉质的，而我们见到的陶寺遗址中的圭表是木质的，说明圭表系统中玉圭要迟于木圭，也就是说，陶寺文化的"漆木游标圭尺"是后来观星台所用石圭量天尺的鼻祖[2]。

中条山上的原始森林中至今仍然生长着野生漆树，因而在 4000 多年前的陶寺工匠获取漆料并不困难。而将漆料用于测时圭尺这也是陶寺先民的一大创举，技术上的每一次革新将推动历史的前进，文明的曙光将在这里冉冉升起。

## ● 铜铃

文明之曙光

铜是人类最早认识和使用的金属。铜器是人们第一次采用化学方法将天然的矿石熔化铸造出来的工具与用器。陶器也是采用的化学方法，但陶器是将泥土变成了另一种东西，相对于将矿石熔化，青铜冶炼就比陶器的制作难度要大得多。青铜器是指以青铜为基本原料加工而制成的器皿、用具等。青铜是红铜与锡，铜与铅或是铜与铅、锡的合金[3]。青铜原来的颜色大多是金黄色的，由于经过长期腐蚀表面所生成的铜锈呈青绿色，因而得名。青铜具有硬度大、熔点低、熔液流动性能好、凝固时收缩率小、化学性能稳定、耐腐蚀并可长期使用和保存等特点，此外，青铜器损坏以后可回炉重铸[4]。

铜器的出现与使用，不仅扩大了人类工具与用器的来源，而且具有木器和石器所不可比拟的优越性。在新石器时代末期，虽然铜器还不能把石器排挤出历史，但它的出现毕竟使人类社会的生产力发生了一次质的飞越，是人类生产力发

① 古敬恒：《新编说文解字》，矿业大学出版社，1991 年 08 月第 1 版，第 115 页。
② 何驽：《山西襄汾陶寺城址中期王级大墓ⅡM22 出土漆杆"圭尺"功能试探?》，《自然科学史研究》2009 年第 3 期。
③ 蔡宗德、李文芬编著：《中国历史文化》，旅游教育出版社，1998 年 05 月第 1 版，第 317 页。
④ 詹子庆著：《先秦史》，辽宁人民出版社，1984 年 12 月第 1 版，第 94 页。

展史上的一个里程碑。青铜器是整个社会生产力发展水平的标志，它的出现需要生产力和整个社会物质文明发展到一定水平，而且青铜器的出现需要一定的社会条件，受社会生产关系的制约和影响，青铜制造业是社会化大生产，必须在社会发展进入到第二次社会大分工以后才可以出现，原始社会末期那种一个家族的小生产是解决不了的①。更重要的一点是青铜业的出现还必须具备必要的矿产条件。临汾市有色金属矿产资源种类较多，铜矿主要分布在塔儿山——二峰山一带的襄汾、翼城、曲沃等县，而且品位高，伴生的有益组分含量高，开采价值大②。塔儿山就在襄汾附近，春秋时期成为晋国炼铜的主要铜矿供应区，在尧舜时期的先民不会不利用这个先天资源条件。

中国青铜时代从原始社会末期开始，到战国末年结束，跨越夏、商、西周、春秋、战国时代，经历了大约2000多年时间。青铜器形制、纹饰、铭文及其书体、器物组合、铸造工艺等，无不和当时特定的社会条件息息相关。青铜器各个时代的特点乃至它的每一步演变都蕴含着深刻的历史内容。因而可以确认青铜冶炼是我国文明形成的标志之一。

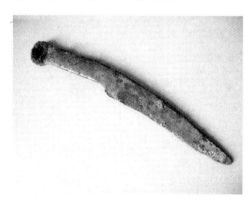

图60　青铜刀（仿）

考古资料表明，我国青铜器起源可上溯到公元前3000年左右的马家窑文化中，马家窑位于甘肃省，在马家窑文化的东乡林家和永登连城两个遗址中发现了铜刀（图60），经鉴定属青铜，系单范铸成，形制也比较进步③；其次为仰韶文化早期的陕西临潼姜寨的黄

① 李先登著：《夏商周青铜文明探研》，科技出版社，2001年9月版，第151页。
② 李荣生著：《黄河流域资源环境与开发整治》，气象出版社，1994年08月第1版，第223页。
③ 安志敏：《中国新石器时代论集·考古学专刊·甲种第十八号》，文物出版社，1982年12月第1版，第235页。

铜片①。

山西榆次源涡镇1942年也发现的一块陶片上附着的红铜炼渣，约为仰韶文化晚期，这虽然比关中晚了1000余年，但从在山西的腹心地带发现的又是技术要求较高的红铜这一情况来看，山西会炼铜的时间肯定比这要早得多。如果此一技术是由陕西传过来的话，则在晋陕接壤的晋西黄河沿岸一带当会有更早的炼铜遗迹或铜器之类发现②。这个推测随着陶寺遗址出土的一件青铜铃被证实。

这件青铜铃在陶寺遗址的出土是一个非常罕见的发现。因为在龙山文化遗址中虽然多次发现了铜，但成形的铜器却极少。例如在龙山文化的中枢地带河南淮阳平粮台③、郑州牛砦④、临汝煤山⑤等遗址中所发现的铜，就均为渣、块状（图61），概无成形的器物。而如今在陶寺遗址中所发现的铜，却是一件近乎精美的铃形铜质器物，这也可以说是龙山文化中唯一的一件成形的青铜器，它也是目前中国发现的最早的乐器。该铜铃长6.3厘米，宽2.7厘米，高2.65厘米，其化学成分为含铜量占97.8%，含铅量占1.54%，含锌量占0.16%⑥。（图62）令人匪夷所思的是，陶寺文化属于龙山文化的初始阶段，在这个时候竟能冶炼和铸造出如此近乎精美的青铜器，不能说不是一个奇迹。

在陶寺遗址中出土的青铜铃，牵动了整个学术界。这是因为它与用单范或双范铸造的小铜刀、小铜饰之类不同，它是用多合范法铸造的⑦。无论在制范和浇

① 胡照华著：《中华神龙》，中国城市出版社，2003年08月第1版，第361页。
② 杨国勇主编：《华夏文明研究：山西上古史新探》，中国社会科学出版社，2002年03月第1版，第10页。
③ 河南省文物研究所：《河南淮阳平粮台龙山文化城址试掘简报》，《文物》1983年第3期。
④ 河南省文化局文物工作队：《郑州牛砦龙山文化遗址发掘报告》，《考古学报》1958年第3期。
⑤ 河南省文化局文物工作队：《河南临汝煤山遗址发掘报告》，《考古学报》1982年第4期。
⑥ 王晓毅、乔文杰合著：《岁月遗珠·20世纪山西考古重大发现的文化解读》，山西人民出版社，2006年6月版，第7页。
⑦ 张学海主编：《纪念城子崖遗址发掘六十周年国际学术讨论会文集》，齐鲁书社，1993年11月第1版，第81页。

图61　铜渣（仿）　　　　　　　　　图62　青铜铃

铸上都需要较为复杂、成熟的技术。它的出现说明我国青铜冶铸技术已经发展到了成熟阶段，此时已不再是金石并用时代，而确已进入青铜时代。它不但关系着中国古代青铜器的起源，而且关系着中国古代文明起源与形成的研究，关系着夏文化的探索和研究。陶寺青铜铃的出土说明龙山文化晚期确已进入青铜时代，这就为确定龙山文化晚期为夏文化初期提供了重要的证据，为夏代初期已经进入青铜时代提供了重要的物证。它的出土也为我们判断陶寺遗址的性质有可能是"尧都平阳"提供了有力的证据。

　　就现有的考古资料来看，山西的畜牧业、房屋、青铜、陶器、纺织、衣服等重要的物质文明都不是领先的，然而，从新石器晚期开始着手会发现，山西的物质文明建设发生了一个飞跃式的进步。从现有的资料来看，"黄河流域是我国新石器时代文化最发达的地区。就山西而言，到了新石器时代中晚期急起直追进而后来居上，从而成为黄河流域以至全中国无论以酋邦国家、城邦国家还是文明国家的标准来要求都是最全面发展的地区"①。其典型例证就是陶寺文化的出现。

　　陶寺遗址中发现的铸造红铜铃，表明这个地区是黄河中游最早的与金属冶炼有

① 杨国勇主编：《华夏文明研究：山西上古史新探》，中国社会科学出版社，2002年03月第1版，第11页。

关的遗址之一。从陶寺发掘报告中可以注意到，铜铃发现在一座没有任何其他随葬品的小墓中，而其他的大型墓葬中不见金属器①。这说明陶寺的早期金属器只是作为一种高级礼器出现，这一现象在新石器晚期的其他遗址也存在，直到二里头时期，青铜器才作为象征身份和地位的标志，与社会上层密切相关。这恰恰说明了陶寺遗址出现的是文明的曙光，而文明的标志形成却是要到了夏代才被确立的。

在龙山文化晚期已经铸造和使用青铜器，这在古文献中也有记载，《左传》宣公三年记："昔夏之方有德也，远方图物，贡金九牧，铸鼎像物，百物为之备，使民知神奸。"② 虽然至今尚未见到比较像样的夏代青铜器，但从河南登封王城岗龙山文化城址所出的青铜容器残片和山西陶寺遗址所出的青铜铃来推断，夏代早期的青铜铸造工艺也会具有一定的水平。

---

① 参考山西省考古研究所编：《山西考古四十年》，山西人民出版社，1994 年 7 月版，第 100、101 页。
② 杨伯峻编著：《春秋左传注》，中华书局，2008 年 7 月版，第 670 页。

# 文明之昭明

## ● 东下冯的瓷

运城和临汾过去称为河东地区，中国史前三大伟人尧、舜、禹，都曾在这里建都、立业，过去称"尧都平阳、舜都蒲板、禹都安邑"①，说明这里是华夏民族活动的主要区域。晋南还有"夏墟"之称。那么晋南是否为夏朝所统治的辖区呢？

先看看考古发掘资料。1974 年山西考古研究所对山西夏县东下冯进行了考古发掘，在这个方圆 25 万平方米的范围内，发现了灰坑、房屋、墓葬、水井、沟槽、陶窑等遗迹。出土物包括陶器、骨器、蚌器、铜器、石器、卜骨等。生活用器以陶器最普遍，计有鬲、鼎、罐等炊器，尊、盆、簋、豆、等用器和爵酒器。此外，还发现有二里岗时期的城址，城址南部呈曲尺状，城墙保存较好，城

---

① 深圳大学国学研究所：《中国文化与中国哲学》，生活·读书·新知三联书店，1986 年 12 月第 1 版，第 48 页。

外还环有护城壕。其年代经放射性碳素断代，为公元前 1900 ~ 前 1500 年①。最有意义的发现是在这个遗址内发现了最早的瓷片②（图 63）。

**图 63　原始瓷片（仿）**

时间上和文献所记载的相符，地望和文献记载相吻合。再看看文献中有关夏墟的地望记载。

司马迁在其《史记》中说："夏桀之居，左河、济，右泰、华，伊阙在其南，羊肠在其北。"③晋南正好符合这一特点，整体上说，黄河、山东济水在其东，河津龙门、陕西潼关即为"伊阙"在其南。"羊肠"是指自北而下的黄河或汾河河谷。泰华是指西部的黄土高原，而非泰山与华山。所以，夏桀之居正在晋南，而非其他地区。而且远古的夏绝非现在夏县这一区域，至少要比现在大许多。安邑城设在现在盐湖区内就说明了这点。即使夏县的范围在历史多次变化，但仍改变不了夏都在此附近的可能性，全国称夏的地方也仅此一处，而且东下冯就位于夏县。

战国时魏都安邑在今夏县禹王乡，"安邑故城"，又叫"禹王城"。《战国策·秦策四》："魏伐邯郸，因退为逢泽之遇，乘夏车，称夏王，朝为天子，天下皆从。"④知此时魏人尚知安邑一带过去曾为夏人之地，并以"夏王"自称。

《史记·殷本纪》："桀败于有娀之墟，桀奔于鸣条。"《史记·秦本纪》："费昌当夏桀之时，去夏归商，为汤御，以败桀于鸣条。"今东下冯遗址之西北尚有一低岗叫"鸣条岗"，《括地志》记载："高涯原，在虞州（或蒲州），安邑县北

---

① 参考山西省考古研究所编：《山西考古四十年》，山西人民出版社，1994 年 7 月版，第117 ~ 119 页。
② 田昌五著：《华夏文明》，北京大学出版社，1987 年版，第 140 页。
③ （汉）司马迁撰：《史记》，中华书局，2008 年 11 月版，第 1344 页。
④ 宋杰著：《先秦战略地理研究》，首都师范大学出版社，1999 年 07 月第 1 版，第 153 页。

三十里南阪口，即古鸣条陌也。"①

从以上资料可以断定东下冯遗址肯定是属于夏代的统治范围。东下冯遗址的发现，对了解晋南地区二里头文化的内涵，探索夏文化具有积极的意义，有助于研究中国古代城市的形成、发展以及夏商文化的变迁。

东下冯的隶属和时间确定了，而在东下冯遗址中发现的原始瓷器又是怎么回事呢？是后人放进去的，还是东下冯人的发明？

瓷器不是上帝赐给的，也不是自然形成的，是人类聪明才智的结果，但也不是偶然的发明，它是在陶器的基础上产生的，但不能说，有了陶器就可以发明出瓷器来。世界上有好多地方早在新石器时代都有了陶器，却没有发明出来瓷器，瓷器是中国独有的发明。

根据目前考古资料得知，山西东下冯遗址中出土的瓷片是中国出现最早的，当然也是世界上最早的。我们对其进行了分析和检测，发现这片瓷完全符合原始青瓷的特征。之所以叫原始青瓷是由于原料处理和坯泥炼制还比较粗糙，没有经过精细的过滤、淘洗、捏练、陈腐等工艺过程，胎料中杂质较多，会产生裂纹，导致釉色不稳、薄厚不均，且有露胎、流釉等现象的发生。

图64　汉代青瓷罐

中国最早的瓷器出现了，距今已过了4200年②。中国成熟的瓷器出现是在东汉时期，此时期的瓷器都已摆脱了原始青瓷的原始性，已符合真正的瓷器（图64）标准了。而中国制瓷技术到了宋代才传到一衣带水的朝鲜。

瓷器的发明得有三个先决条件，一是高

①　蔡运章著：《甲骨金文与古史研究》，中州古籍出版社，1993年12月第1版，第11页。
②　张立东、任飞编著：《手铲释天书》，大象出版社，2001年04月第1版，第34页。

温炉，二是高温釉，三是高岭土。可称为"三高"要素。

对于高温炉讲，在夏代前的龙山文化时期就有了铜的冶炼，东下冯人掌握这个技术不成问题。而且从目前发现的考古资料看，夏代时印纹硬陶和白陶已经普遍出现，而它们的烧制则需要1000°以上的高温①，因而说夏代时已经有了高温窑。

对于高温釉来讲，制陶工匠们在长期使用高温炉烧制陶器的过程中会发现，有一些前所未见的新现象：从窑内热气流中沉积到素胎上的草木灰会在高温下熔融成一层透明的玻璃态物质。陶工从这些现象中得到启发并加以利用，通过一次又一次的试验，终于导致高温釉的发明。

瓷器出现的第三个条件，也是关键的一步，那就是原料。制瓷原料和制陶原料不一样，陶器使用的是黏土，而瓷器使用的高岭土，也叫瓷土，是一种富含氧化铝和氧化钙的土。这种土在南方的景德镇一座山上有天然形成的，这座山叫高岭山，所以后来瓷土也叫高岭土。那么在山西的东下冯怎么会有高岭土呢？

山西运城有一座铝厂叫河津铝厂，河津铝厂建在河津的最大一个原因就是因为运城有很大的铝矿资源，而且可以对运城东下冯附近的土壤进行化验，土壤里的氧化铝含量非常高。这说明运城地区的地壳中含有大量的氧化铝。这样东下冯的人们在制作陶器的过程中经过千百次对陶泥的洗练、筛选，终于有一天发明了既光洁又耐用的瓷器。

还有一个问题，晋南有没有烧陶的历史呢？因为没有陶器就不可能有瓷器。

史书记载，黄帝时就设有陶正一职专门管理制作陶器②，舜在"河滨制陶，作什器于寿丘"③，禹及以后陶器作为商品在集市上进行交换④。说明晋南这个地

① 张文朴编著：《中国古代陶瓷》，北京科学技术出版社，1995年01月第1版，第32页。
② 陈立基著：《趣说三星堆·古蜀文化探秘》，四川文艺出版社，2000年12月第1版，第75页。
③ （汉）司马迁撰：《史记》，中华书局，2008年11月版，第12页。
④ 张鸿雁著：《春秋战国城市经济发展史论》，辽宁大学出版社，1988年07月第1版，第42页。

方在尧、舜、禹时期制陶业是非常发达和繁荣的，那么在这个地方出现瓷器就不足为奇了。

瓷器的发明是中国古代劳动人民对人类文明的独特贡献。瓷器因其玉石般温润的质感，自发明以来就受到人们的喜爱。瓷器不但便于洗涤，而且结实、耐用。瓷器没有推广前，中国人用的是陶器，陶器虽然比石器好用，但比起瓷器就逊色多了，而且使用瓷器不失尊贵。在青铜时代，如果不想用陶器就用青铜，但青铜是一种稀缺东西，就是贵族也只是把它作为礼器使用。瓷器实现了人们的理想，美观大方、来源方便、结实好用又不失大雅。

中国在世界上向有"瓷国"之誉。在英文中"瓷器"（china）一词已成为"中国"的代名词。瓷器取代陶器，不仅方便了人们的日常生活，丰富了人们的审美情趣，也证明了中华民族是具有伟大创造力的民族。瓷器与丝绸是中国人民奉献给世界的两件宝物，在一定程度上改变了所用民族的生活方式和价值观念。伊斯兰民族用中国的大青花瓷盘盛饭装菜，然后很多人围着一圈共同席地享用；菲律宾等民族将中国陶瓷作为神物顶礼膜拜；非洲人将中国瓷器装饰于清真寺、宫殿等建筑上。瓷器的发明，其意义不仅只此作为可用之物，其在每一个工艺过程中凝聚的中国古代先民的智能和辛勤汗水，由此而延伸出来的"陶瓷之路"，彻底改变了中国与世界的关系。

瓷器是人类高度文明发展的结晶，是人类发明中的发明。陶器也好，青铜器也好，只是人类对自然物的延伸加工，而瓷器是在陶器的发明基础上进行的二次发明，毫不夸张地说，瓷器是我国对世界的最伟大的发明，其他的四大发明（指南针、火药、印刷术、造纸术）和瓷器的发明相比，无论是在对人类的影响和发明的时间上比都逊色多了，瓷器可列为大发明之首。

## ● 千年之谜

天马位于翼城西边，曲村位于曲沃东边，两村相邻却不同隶属。20世纪90年代，在"天马—曲村"两村的交界处发现了著名的晋侯墓地（图65）。截至2000年，共发现属于晋国早期9位晋侯和他们夫人的墓葬共19座。在

**图65　晋侯墓地（模型）**

这些墓中出土了大量的精美青铜器，其中有的青铜器上有铭文，记录有6位晋侯的名字。一个叫"稣"的晋侯与史书中晋献侯的名字一致，考古学家排出的墓葬顺序也和《史记》记载的晋侯世系相吻合。9位晋侯，他们依次是改唐为晋的晋侯燮父、晋武侯、晋成侯、晋厉侯、晋靖侯、晋釐侯、晋献侯、晋穆侯和晋文侯①。"天马—曲村"晋侯墓地的发现证明这里就是晋国的始封地，也是晋国早期的政治、经济、军事和文化中心。

翻开中国古代汗牛充栋的典籍，关于西周时晋国始封地争异纷纷，有说在晋祠，有说在翼城，也有人说在襄汾县的赵康②。"桐叶封弟"，"叔虞封唐"，这个唐到底在哪？

春秋时期晋人对其地理位置和附近边民有流传至今的记载，《左传·昭公十五年》："晋居深山之中，戎狄之与邻……"③；《国语·晋语二》："景、霍以为城，而汾、河、涑、浍以为渠，戎狄之民实环之"④。可见唐地或晋初封地的地

---

① 李伯谦编著：《考古探秘》，科学技术出版社，1999年10月版，第142页。
② 参考杨国勇主编：《华夏文明研究：山西上古史新探》，中国社会科学出版社，2002年3月版，第52、53页。
③ 王玉哲著：《中国上古史纲》，上海人民出版社，1959年07月第1版，第167页。
④ 张洲著：《周原环境与文化》，三秦出版社，1998年06月第1版，第182页。

理位置根据文献应该是在太岳山南部。

唐在太原说有根据吗？郦道元《水经注》"晋水出晋阳县西悬瓮山"条注为："县，故唐国也"[1]；《宗国都城记》则云："唐叔虞之子燮父徙居晋水傍，今并理古唐城。唐者即燮父所徙之处"[2]。全祖望《经史答问》："燮父之改国号曰晋，以晋水，则自在太原。"[3] 认为唐在太原的主要依据就是以上资料中因为有"晋水在太原"之说。但晋国称晋并不是因为有晋水，而是因为有"嘉禾"[4]，太原晋祠所谓的唐叔虞墓也无非是后人附会，春秋晚期这里曾经是晋国六卿之一赵国的都城，每个先秦古国都有自己神话般的历史，或出于对遥远记忆的演绎，或就是附会。春秋末期，赵氏势力盘根错节，后来晋阳（现在的太原）成为赵的都城，但那时的晋已是晚于唐改晋500年之后了。此晋水非彼晋水，蒙蔽了先儒们，因而古唐国在太原一说根本没有依据。

那么这"天马—曲村"遗址是不是晋国初封时的唐？1994年田建文先生在其《晋国早期都邑探索》一文中曾指出"天马—曲村"遗址不会是晋国都城，也不可能是唐都。

《史记·晋世家》中也不过说了："武王崩，成王立，唐有乱，周公诛灭唐。……于是遂封叔虞于唐。唐在河、汾之东，方百里，故曰唐叔虞"。被周灭掉的"其季世曰唐叔虞"的唐就是周封叔虞的唐，晋以后活动中心区域并不完全等于唐，不说自明。30多年来考古工作者在翼城、曲沃寻找了千百次，踏遍了每个角落，别说是唐国，连殷墟时期的一个像样的遗址也没有找到。从"天马—曲村"遗址考古资料看"邦墓"早不过叔虞封唐。但从文献看，《史记·晋世家》"唐有乱"条《正义》引《括地志》云："故唐城在绛州翼城县西二十里，

---

① 陈一梅编著：《中国历史文选》，西北大学出版社，2005年12月第1版，第241页。

② 周书灿著：《西周王朝经营四土研究》，中州古籍出版社，2000年04月第1版，第125页。

③ 杨国勇主编：《华夏文明研究：山西上古史新探》，中国社会科学出版社，2002年03月第1版，第112页。

④ 李孟存著：《晋国史》，山西古籍出版社，1999年9月版，第16页。

即尧裔子所封。"顾炎武《日知录》三十一："窃疑唐叔之封以至侯缗之灭，并在于翼。"春秋晚期晋大夫籍谈回忆说："晋居深山，戎狄之与邻，而远于王室，王灵不及，拜戎不暇。"这样的话晋的始封地唐国一定要到翼城附近的太岳山深处着眼。《管子·小匡》中说："救晋公禽狄王，败胡貉，破屠何，而骑寇始服。"晋国周围尽是戎狄，戎狄皆山中活动，那么晋国早期都城确在太岳山。

尽管目前对晋国始封地还没有一个统一的结论，但肯定的是"天马—曲村"晋侯墓的发现彻底否定了晋国始封地在太原的说法，叔虞封唐时的晋国都城不会远于"天马—曲村"。从三代时期的墓葬制度看，族墓和都城都是近邻，晋国各代诸侯不可能在远离"天马—曲村"几百里之外的地方上班，死去后百里迢迢运到"天马—曲村"来埋葬。晋侯墓的发掘改变了考古学家和历史学家对于西周历史尤其是晋国历史的认识。

## ● 积石积炭墓

丧葬从形式上看来是生者对死者进行的处理形式，而实际上与活着的人也有极其密切的关系，葬俗是由当时的自然条件、科技水平、社会形态、精神文化等各个方面决定的，墓葬其实就是人们头脑中的另一个世界，而这个世界也是现实社会的复制。因而，从考古角度讲一座保存完好的大墓，就是一部写实性的历史书。

积石积炭墓（图66）是东周时期墓葬中较特殊的一种葬制[1]。积石积炭墓其实可以分为三种形式。

---

[1] 葛志毅著：《中国古代社会与思想文化研究论集》，黑龙江人民出版社，2006年8月版，第84页。

第一种是积石（图67）。用石块、砾石构筑成墓室，上面用砾石封顶构成石冢。积石用以加固，可以帮助防潮，更有防盗功能。

图 66　晋侯墓地（模型）　　　　　　　图 67　晋侯墓地（模型）

第二种是积炭，用木炭填充墓室达到防潮的目的。

第三种就是积石积炭墓。该墓集防盗、防潮功能于一身。《吕氏春秋·孟冬纪》中记载："题凑之室，棺椁数袭，积石积碳，以环其外。"高诱于其下注曰："石以其坚，炭以御湿，环绕也。"①

从目前考古发掘资料看，积石积炭墓广泛分布于三晋和两周地区②，其中尤其以山西为最多。最典型的为太原金胜村的赵卿墓。另外在"天马—曲村"晋侯墓地出现的比较多，长治分水岭的战国墓、新绛战国墓、羊舌晋侯墓地也发现不少。单纯的积石墓和积炭墓也有，但相对于积石积炭墓而言就少多了。

在山西积炭墓和积石墓是混合出现的，发现于晋侯墓中，而中国最先出现的积炭墓，大约在商周之际，发现于山东青州苏埠屯③，形式也比较简单，只是在墓底垫一层木炭而已。有学者认为晋侯墓使用积炭比山东晚，晋侯墓的习俗应是

①　周吉平著：《北京殡葬史话》，北京燕山出版社，2002 年 01 月第 1 版，第 232 页。

②　田伟：《论两周时期的积石积炭墓》，《中国历史文物》2009 年第 2 期，第 63 页。

③　于海广主编：《定格历史·隐藏于古墓中的奥秘》，齐鲁书社，2003 年 08 月第 1 版，第 36 页。

从山东传过来的。这个结论显然下的过早，文化有时是传播的，但有时是独立发展的，不能因为某地文化形成早，而其他地方出现同类的文化就认为是某地传播出去的。

晋国在西周时期，草木茂盛、森林覆盖，湖泊众多。就地取材实为方便，而且晋人在烧制陶器时使用木炭作为燃料，已经掌握了木炭御湿的性能，在墓中放置木炭进行防潮，这个技术是不需要由远隔千里的山东传入的。

积石墓出现在春秋晚期，这是和晋国的地理环境有很大有关系。晋国四周皆为戎狄，而戎狄墓葬多以石棺为主，受其影响也在情理之中，而且"疆以戎索"的先制，在晋国出现戎狄的墓葬习俗不应感到意外。

到春秋、战国之际山西出现了积石积炭墓。这种墓葬形式"彻底贯彻实施了封闭型棺墓原理，出现不久就很快在各地的大型墓中推广开来"①。积石积炭墓的功用非常多，如前所述，有固墓、防盗、防潮，另外还有预防与阻挡树木之根穿入墓中，过去人们在埋葬先人后，往往在墓地周围进行植树，所谓"死者如生"。然而，积石积炭墓还有一条功用不能忽视。《周礼·秋官司寇·赤友氏》记载："赤友氏掌除墙屋，以蜃炭攻之，以灰洒毒之；凡隙屋，除其狸虫。"②《左传·成公二年》也载："宋文公卒，始厚葬，用蜃炭……"③，"蜃"即生石灰，"炭"即木炭。可见古人常用生石灰驱虫。这样的例子可以在山东曲阜故城的几座积炭墓中找到证据，这几座墓中用蜃与炭共同放置在墓中以驱虫害。《吕氏春秋·节丧》中也有类似的说法："善棺撑，所以避缕蚁蛇虫也。"因而，积石积炭亦有防备动物破坏棺室的功用。

积石积炭墓从其发生到消失，经历了终周一朝，几近千年，分布范围甚广，其功用是因时因地而异。而其墓葬制度中虽没有见到有关何种级别才能使用积石

---

① 黄晓芬著：《汉墓的考古学研究》，岳麓书社，2003 年版，第 12 页。
② 王云五主编：《周礼今注今译》，台湾商务印书馆，1972 年 09 月第 1 版，第 398 页。
③ 陈伟著：《包山楚简初探》，武汉大学出版社，1996 年 08 月第 1 版，第 182 页。

积炭墓的规定，但从这些墓中的主人来看，大都是贵族级的，一般国人是不用的，但也不是只要是贵族就使用积石积炭进行建墓。而且因地而俗，不同的地区在使用积石积炭建筑墓穴时的风格也不一样。

晋国赵卿墓是山西春秋晚期的一座典型积石积炭墓。无论是墓室底部还是墓圹四周，都以积石积炭填埋。该墓墓底先铺一层厚厚的木炭，炭上铺砾石，其上置木椁，椁室四周又内填砾石、外填木炭，椁盖上先盖砾石，再盖木炭，四角的炭痕比中间高出50厘米，显然初填时比现存要厚。该墓的木椁被里一层砾石外一层木炭包裹着。除在椁室四周积石积炭外，填土中每隔1米就在墓圹四周放一层大石块，每块重约50公斤①。而且比较特殊的是，赵卿墓的墓盖四角的积石积炭均比中间厚，而不似其他部位那样均匀分布。在宗教色彩极其严重的时代，任何一种墓葬形式的处理都不是随随便便的，都蕴藏着深刻的意义。因此可以断定，墓坑顶部的积石积炭层四周厚、中间薄是一种宗教思想的体现。而且赵卿墓深埋于地下14米，墓壁四周竟然没有发现有攀、爬、站的地方，是否暗含平地登云的哲学思想？

在积石积炭墓兴起的同时，有的诸侯国因地制宜创造了积石积砂墓，是使用细沙代替土来填埋墓室，再在细沙当中掺杂石头，由于细沙具有很好的流动性，容易塌方，加上巨石的重力，因此盗墓者无法通过挖掘地道的方式进入墓室盗窃。

积石积炭墓的出现总体上讲只有一个目的，就是保存好死者。

《吕氏春秋·节丧》说："凡生于天地之间，其必有死，所不免也。……所重所爱，死而弃之沟壑，人之情不忍为也，故有葬死之义。葬也者，藏也，慈亲孝子之所慎也。……古之人有藏于广野深山而安者矣，非珠玉国宝之谓也，葬不可不藏也。葬浅则狐狸抇之，深则及于水泉。故凡葬必于高陵之上，上避狐狸之

---

① 李秀媛：《燕赵悲歌的遗响·图说春秋赵卿墓》，重庆出版社，2006年05月第1版，第9页。

患、水 泉之湿。此则善矣，而忘奸邪盗贼寇乱之难，岂不惑哉？……善棺椁，所以避蝼蚁蛇虫也。……国弥大，家弥富，葬弥厚。含珠鳞施，（夫）玩好货宝，钟鼎壶滥，马衣被戈剑，不可胜其数。诸养生之具，无不从者。题凑之宝，棺椁数袭，积石积炭，以环其外。"[1]

《吕氏春秋》中说的这些话实则道出了先秦时候墓葬习俗的来源和墓葬制度。知生知死，讲的明白透辟，指出葬俗不但是为死者考虑，而且是对生者自己道义上的衡量。葬礼之所以充满神秘，是人们相信人死了灵魂能够升入天堂、能够转世、能够附体、能够影响现实社会，甚至有专门的人来把这些具体化，从而达到对死者灵魂的畏惧与仰赖。

积石积炭墓存在的基础是注重密封、隔绝的封闭形式，随着洞室墓开始流行，积石积炭墓便失去了存在的基础，逐渐走向衰亡。

## ● 布和商业

春秋战国时期在中国历史上是一个社会经济急剧变化的时期，货币经济也相应得到迅速发展。空首布（图68）是春秋战国时期铸行的四大钱系之一布币体系的分支，也是我国最早的金属铸币之一。西周末始铸造，春秋晚期以后盛行，公元前221年被秦始皇废止[2]。

空首布是模仿古代一种农具铲而来的，其首中空，故称空首布。那为何称布呢？在古代，曾把一种类似锹的挖土工具称

图68　空首布

① 暴拯群、李科编著：《吕氏春秋箴言录》，北京广播学院出版社，1992年12月第1版，第78、79页。

② 吕济民主编：《中国收藏与鉴赏》，线装书局，1993年10月第1版，第104页。

为"镈"，在物物交换的时代人们经常拿这种挖土工具去换取别的东西。因为"镈"与"布"声母相同，音韵相转，于是"镈"就转韵成为"布"了[1]，这说明古代钱币是从物物交换过程中产生的，而且在交换过程中体现了祖先选择"镈"这种农具作为货币的型制，体现了注重农业的传统思想。

空首布是为了迎合商品经济的发展而出现的，但空首布在流通过程中也存在着许多不利因素，例如它那方形中空的首部及尖锐的肩和足，既容易伤人，又不便于大量携带和存放，当其普遍流通时不利的因素也越发突出，后来，布的体型逐渐变小，而且有文字出现，"布币"正面铸有一个至两个文字，有数字、有干支以及地名等，有了这种大面额的货币，交易起来就方便多了。

目前所知道最早金属货币见于文献记载的是《国语·周语》："周景王二十一年，将铸大钱。"[2] 此时为公元前524年。这只是文献上的记载。1990年在"天马—曲村"遗址发现了两枚迄今最大、最早的空首布，不晚于春秋晚期即晋国迁都新田的公元前585年[3]。

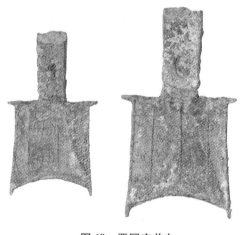

**图 69　晋国空首布**

"天马—曲村"发现的这两枚空首布（图 69）是比较有特色的。最大的那一枚横断面为六角形，稍扁，口部长3.3厘米，宽2厘米，一侧近口部有凸棱一道，布身微弯，甚薄，平肩微耸，弧裆尖足，布身凹面有三道细棱，肩至足长10.2厘米，二足间距7.85厘米，身厚0.1厘米，通长15.1厘米，重

---

① 朱活著：《古钱新探》，齐鲁书社，1984年06月第1版，第20页。
② 李发林著：《战国秦汉考古》，山东大学出版社，1991年12月第1版，第52页。
③ 见拙作《晋学四大特征》，《光明日报》2009年12月15日。

65.7 克。小的那一枚，口长 3.25 厘米，宽 1.8 厘米，肩至足长 10.25 厘米，二足间距 7.55 厘米，布身厚 0.1 厘米，通长 15.3 厘米，重 79.64 克，其余与大空首布相同[①]。

从周景王铸大钱看，那时有"大钱"以及相对的小钱（轻币）之分，大概如现在的大钞小钞。货币的作用是做交易的媒介，最早的货币都必须是公认本身具有价值而又方便灵活的事物，很快就发现贵重金属是最适用的，于是用金属铸币。用金属货币代替天然其他货币是商品经济进一步发展的结果[②]。

周景王铸大钱也好，晋国的大空首布也好，从侧面能看到一个问题，那就是在春秋战国时期，各国的商业贸易非常繁荣。尤其是针对晋国而言，铸大钱成为当时国家经济发展中的一个重要环节。而且从历史上看，晋国始终保持货币改革的领先地位，如在清朝嘉庆、道光年间为适应国内外贸易的发展而产生的"票号"是在山西首先出现的，这就是山西的"日升昌"票号。曲殿元在其《中国金融与汇兑》中说："山西票庄执中国金融界之牛耳，约百余年。"

那么如何正确看待铸大钱这种行为呢，如果单从货币作为价格标准来看，应该与现实的商品价格水平相适应，这样的话，铸大钱这种随时改变货币单位的办法，将会造成价格体系的若干扰乱。而且，即使是允许大钱和小钱并行，也不免要为商人和高利贷者所利用，给一般平民造成损失。

然而结合我国古代金属货币流通的历史实践来看，晋国出现大钱实际上是反映着古代金属铸币流通发展过程中的一种客观要求。货币作为价格标准，不但要与现实的价格水平相适应，还要满足商品流通不断发展的需要。一方面，充作货币材料的金属本身的价值，与普通商品比较起来，总是具有相对的稳定性；另一方面，古代社会生产力的变化，除了在社会经济转变时期会有较显著的变动外，

---

① 邹衡主编：《天马—曲村》，科学出版社，2000 年。
② 郭仁成著：《楚国经济史新论》，湖南教育出版社，1990 年 08 月第 1 版，第 24 页。

文明之昭明

总的看来，它的变动对于商品价格水平的影响并不太剧烈①。因而，在晋国甚至在周王朝，经过一定时期金属铸币流通的社会实践，出现一种大小适中的货币是可能的。

还可以从晋国的商业贸易发展来进一步分析这个问题。

晋国自文侯开始，随着晋国疆域的扩展和军事发展的需要，晋国不但对外战争增多，对外贸易也多了起来。因为，武力与商业相依，这可以从两方面讲。第一，武力保护商业。晋国有强大的军事力量，用武力维持边境的安全秩序，使晋国与周边的商业贸易，得到平顺的发展，这便是重要的经济意义。第二，商业支持武力。武力的维持常有赖于商业。国家兵力增多，军饷浩繁，则常向商人征税以养兵。《国语·晋语三》记载，晋国于公元前 645 年"作爰田"和"作州兵"②。作州兵不仅仅是改革兵制，而且也是改革军需品征收制度。

晋文公时晋国又实行"工商食官、通商宽农"政策，制定了"轻关、易道、通商、宽农"政策③，大大刺激和促进了晋国和周边国家之间的商业贸易。

晋国迁都新田后，商业贸易发展繁荣。晋悼公即位后，政治上惩治乱臣，任用贤能；经济上实行"公无禁利"政策④，全面放开山林渔泽等资源的开发权限，全面放开对私人工商业活动的限制。晋国出现了富可敌国的大商人，这些商人虽然"无寻尺之禄"，确"能行诸侯之贿"，"金玉其车，文错其服"。这表明晋国出现了自由商人，商业成为了一个独立的产业，那么用货币购买商品成为必不可少的商业活动。

随着商业的繁荣，晋国都城新田成为著名都会。新田时期金属货币成为主要流通工具。司马迁在《史记》中也说："农工商交易之路通，而龟贝金钱刀布之

① 萧清著：《中国古代货币思想史》，人民出版社，1987 年 02 月第 1 版，第 19 页。
② 陈振中著：《青铜生产工具与中国奴隶制社会经济》，中国社会科学出版社，1992 年 09 月第 1 版，第 550、551 页。
③ 赵国良著：《中国历代改革》，黑龙江人民出版社，1988 年 07 月第 1 版，第 15 页。
④ 董立章：《国语译注辨析》，暨南大学出版社，1993 年 05 月第 1 版，第 339 页。

币兴焉。"① 1963 年，在侯马铸铜遗址出土铸造布币的空首布范和布芯多达万件，完整空首布 12 个②。这是迄今为止我国发现的最大的钱币作坊——铸币厂（图 70）。从而印证了新田时期商业的繁荣，晋国统治阶级重视铸币权。

**图 70　铸币厂**

从目前黄河流域以及长江流域等地，都出土有大量的晋国货币，印证了晋国的贸易繁荣和商业扩张。

伴随着商业贸易，晋国和周边各民族之间的文化交流也日愈广泛。晋国的手工业、盐业、音乐、宗教源源不断地传入各民族，为他们融合吸收，而异地的舞蹈、风俗源源传入晋国，他们互为影响，其实晋文化的最大特点，就是不断地吸收周边各民族的优秀文化，以其博大清新、辉煌灿烂蔚为春秋时期文化高峰。

货币流通领域的扩大，刺激了商业的发展，这对经济的发展起到了积极地作用。由于商业贸易的繁荣，促进了晋国货币的流通和币制改革。晋国和周边的贸易，随着晋国的发展而日益增加，在这样的背景下晋国的大空首布就应运而生。

晋国商业贸易，既冲击了自然经济，促进了商品生产的发展，又刺激了晋国各卿大夫之间对人口、土地、财富的相互争夺，从而提速了晋国的分裂时间。

## ● 侯马盟书

1965 年山西省文物工作委员会在发掘山西侯马晋城遗址时发现了侯马盟书。"盟誓遗址"在侯马晋城遗址的东南部，面积约 3800 平方米，分"埋书区"和

---

① （汉）司马迁撰：《史记》，中华书局，2008 年 11 月版，第 650 页
② 张之恒主编：《中国考古学通论》，南京大学出版社，1991 年 12 月第 1 版，第 218 页。

图71　盟书

"埋牲区"两部分，埋书区集中在西北部。书写盟书的玉石片，绝大多数呈圭形（图71），最大的长32厘米，宽近4厘米，小的长18厘米，宽不到2厘米①。

从出土盟书能直接观察到，盟书显然是用毛笔书写而成，字一般为朱红色，也有黑色的。盟书文字的时代，晚于甲骨文，与金文时代大体相同。甲骨文字是用刀刻在龟甲、兽骨上的，因而笔画多为表示"刻意"，没有书写的"笔意"，金文是为范铸铭文，也是先刻在陶范上再出字，缺少书写的风韵。而侯马盟书辞文（图72），是晋国史官用毛笔手书的文字真迹，最能直接地、真实反映书法风格。其字形古雅，运笔流畅，章法自然。仔细辨其字体会发现风格不一，有的浑厚凝重，有的飘逸洒脱，显然盟书辞文书写是出自多人之手笔。由于盟书系毛笔书写，行笔轻重有度，具潇洒遒劲之风格，又不失古朴典雅，是晋国通用的日常手写体草篆，可以看出篆书手写化的最初痕迹②。为研究秦统一汉字前的文字发展演变过程，增添了新的资料。

图72　盟书

---

① 王永平著：《新中国大事典》，中国国际广播出版社，1992年11月第1版，第225页。
② 李兴洲著：《中国书法精要》，学苑出版社，1996年03月第1版，第13页。

盟书内容分宗盟、委质、纳室、诅咒、卜筮五类①。盟书又称"载书"。《周礼·司盟》"掌盟载之法"注："载，盟誓也，盟者书其辞于策，杀牲取血，坎其牲，加书于上而埋之，谓之载书。"② 当时的诸侯和卿大夫为了巩固内部团结，打击敌对势力，经常举行这种盟誓活动。盟书一式二份，一份藏在盟府，一份埋于地下或沉在河里，以取信于神鬼，侯马盟书就是埋在地下的那份。

盟书中的主人是晋国末年六卿中的赵卿盟主赵简子③。这些盟书真实记载了主盟人赵简子努力推行新兴封建制度的努力。经济上，推行适宜的田亩征税制；政治上，推行郡县制，赵简子的措施得到了广大下层民众的拥戴。

此外，从盟书中可以得到两个新信息，一是侯马盟书系当时晋国史官所写；二是晋国史书《乘》确实存在。

从文献记载上看，晋国出现最早的史官为孙伯黡。《左传·昭公十五年》说："昔而高祖孙伯黡司晋之典籍，以为大政，故曰籍氏。"④《世本》中也有关于孙伯黡的记载，可见，孙伯黡就是晋靖侯至晋献侯时的人物，这与《史记·晋世家》所云"靖侯以来，年纪可推"⑤ 的情况相吻合。据此，晋国在西周中期就有了明确的史官记载。

春秋以后，晋国史官见于文献的有：董氏、史氏等，职官有大史、左史、内史、卜史、史等；他们的主要职责有：掌管典籍，从事占卜，辅助治国，劝谏国君，记载国事等。与周天子史官设置相比，虽不大完备，但基本职能已具备了。且他们的职能并非单一，有的史官同时兼有多种职能。如史墨，他既从事占卜，又辅助国君。一直到晋国灭亡时晋国史官虽地位大不如前，从业人数反而越来越杂。

① 张之恒著：《夏商周考古》，南京大学出版社，1995 年 10 月第 1 版，第 350 页。
② 杨育彬、孙广清著：《河南考古探索》，中州古籍出版社，2002 年 05 月第 1 版，第 374 页。
③ 邱振中、吴鸿清编：《书法艺术》，中央广播电视大学出版社，1987 年 07 月第 1 版，第 7 页。
④ 李毓芙著：《成语典故文选》，山东教育出版社，1984 年 12 月第 1 版，第 138 页。
⑤ 江林昌著：《夏商周文明新探》，浙江人民出版社，2001 年 12 月第 1 版，第 169 页。

《周礼·春官》中把周代史官分为五大类，即：大史、小史、内史、外史、御史，而且有明确分工："大史掌建邦之六典，……小史掌邦国之志，内史掌王之八枋之法，……外史掌书外令，掌四方之志，……御史掌邦国、都鄙、及万民之治令。"① 五史有一个共同的特点就是利用典册或成文法处理政事。根据郭政凯先生在其《侯马盟书参盟人员的身份》中的论证以及史官本身所具有的属性判断，侯马盟书中涉及的史官系晋国末期史官，他们没有明确职位的史官，是存在于各官僚机构中的文书胥史。他们的主要特征是分散在各部门或各长官手下从事文书工作，接受各部门首长的领导，称为史。这些史显然不同于"五史"，他们是掌书记事的小官，这些"史"的品秩很低，仅与胥吏相当。《周礼》曰："史掌官书以赞治。"郑玄注："赞治若今起文书草也。"② 《汉书》中提到"大史试学童，能讽书九千字以上，乃得为史"③，这里的"史"指的就是这些小吏。春秋末期，赵简子家臣董安于也属此类，《国语·晋语九》中记载："下邑之役，董安于多。赵简子赏之，辞，固赏之，对曰：'方臣之少也，进秉笔，赞为名命，称于前世，立义于诸侯，而主弗志。及臣之壮也，耆其股肱以从司马，苟慝不产。及臣之长也，端委？带以随宰人，民无二心。今臣一旦为狂疾，而曰必赏女，与余以狂疾赏也，不如亡！'趋而出，乃释之。"④ 从这段话中可以看到，董安于系史官家族董氏的后代，年少时为赵氏的文书，后成为家臣。从组织形态上看，他们与大史、内史互不统属且能独立自成一系，显然属于府史系。

西周时晋国史官以大史为主，大史执政，且为卿爵。西周、春秋之交，晋国史官地位受到冲击，异姓史官进入晋国政坛，异姓史官成为晋国史官系统的主体。异姓史官进入晋国有它的政治原因。《左传·僖公二十二年》记载："初，

① 阮元校刻：《十三经注疏·周礼》，中华书局，2003 年 2 月版，第 817～820 页。
② 阮元校刻：《十三经注疏·周礼》，中华书局，2003 年 2 月版，第 666 页。
③ （汉）班固著：《汉书·艺文志》，中华书局，2002 年 11 月版，第 1721 页。
④ 汪济民著：《国语译注》，百花洲文艺出版社，1992 年 3 月版，第 310 页。

平王之东迁也，辛有适伊川，见披发而祭于野者，曰：'不及百年，此其戎乎！其礼先亡矣。'"① 辛有深感恐惧，驱使其将二子董送入晋国，晋为姬周宗亲，其时，"周室少卑，晋实继之"②，辛有认为只有强有力的晋国才是保证中原文化典籍长存不灭的地方。于是，晋国有了一位文化素质更高且与周王室关系不薄的新史官董。

春秋中前期晋国史官集"官师"于一身，且以行政事务为主，体现更多的政治性质③。自晋平公以后，政出家门，由于社会经济政治的发展和新兴士阶层的崛起，世禄世官制度遭到破坏；一方面，士阶层直接参与到晋国史官系统中，以入世进取的精神改变着已有的史官体制。另一方面，由于六卿争雄，礼坏乐崩，"主卖官爵，臣卖智力"，"君臣之际，非父子亲也，计数之所出也"④。在这样的政治条件下，史官参与到激烈的政治派系斗争中。随着政治事务的日益独立，社会发展需要越来越多具有专业技能的行政官僚，而史官群体正好具备丰富的政治经验，自然就成为新型行政官僚的重要人选。

从晋国府史的性质看，他们并非是宗法系统中的士，而是新兴的贵族集团中的士，他们不论出身于贫贱庶民还是没落贵族，由于他们和他们为之服务的主人没有宗法关系，因而他们参政当官后都不是世禄世官。

晋国的史书《乘》也正是这些不同阶层的、不同身份的史官写成。

晋国史书目前没有保存下来，究其缘由正如《史记·六国年表》上所说："秦既得意，烧天下诗、书，诸侯史记尤甚，为其有所刺讥也。"⑤ 自秦以上，各诸侯国的史书除鲁国的《春秋》还较完整地留存外，不要说西周，就连春秋、

文明之昭明

---

① 杜预集解：《春秋经传集解》，上海古籍出版社，1988 年 3 月版，第 323 页。

② 薛安勤著：《国语译注》，吉林文史出版社，1991 年 4 月版，第 606 页。

③ 刘巍：《经典的没落与章学诚"六经皆史"说的提升》，《近代史研究》2008 年第 2 期。

④ 齐豫生著：《韩非子·外储说·右下》，北方妇女儿童出版社，2006 年 3 月版第 127、134 页。

⑤ （汉）司马迁撰：《史记》，中华书局，1999 年版，第 102 页。

战国的各种史书都被秦始皇烧掉了。

目前从古籍中能见到最早涉及晋国史书的是《国语·晋语七》中所记："羊舌肸习于《春秋》"①，意思就是羊舌肸（又叫叔向）这个人，熟悉各国史书。因晋悼公要司马侯推荐一位"德义"之人任太子彪之师，司马侯立即向他荐举了"习于春秋"的羊舌肸。羊舌肸字叔向，晋悼公（公元前 572～前 558 年）时人，也就是春秋中期时候的人。羊舌肸既然熟知各国春秋，也少不了熟读晋国史书。同时也说明晋国至少在春秋中期就有了史书。晋国的史书和郑国《志》、楚国《梼杌》一样也有自己的官方专用名称叫《乘》。《孟子·离娄》中记载："晋之乘、楚之梼杌、鲁之春秋，一也。其事则齐桓、晋文，其文则史。"② 从孟子这段话至少可以看出以下三个内容：第一，涉及春秋时期三个国家史书的名称：鲁国的史书叫《春秋》，楚国的史书叫《梼杌》，晋国的史书叫《乘》。而且孟子把晋之《乘》放在首位，说明晋国的史书要早于"楚之梼杌、鲁之春秋"，或者说晋国史书在当时的影响要大于《梼杌》和《春秋》，至少也可以说明晋国的史书《乘》成书时间和鲁国的《春秋》是同一时代的。第二，三个国家的史书虽然名称不一，但体裁是统一的。第三，三个国家的史书中都涉及了齐桓公和晋文公时期的典册和制度。

春秋时期，晋国为了称霸诸侯，晋国自献公后就力图通过战争扩大晋国疆域，发展势力，一直到三家分晋时，晋国战争就没有间断过。而记录战争的任务还是非史官莫属。春秋时期史官随军作战是一个惯例。《周礼·大史》："大史，抱天时，与大师同车。"③ 在参战的过程中，史官不但要记录战事，而且因其掌握着历法，所以在军队主要负责提供天气即天时方面的信息。除此以外，史官从军，还要负责军队中的一些礼事活动并记载下来。《左传·哀公二十四年》记晋伐齐，鲁臧石率师从征。晋班师回国前，"饩臧石牛，大史谢之，曰：'以寡君

① 朱杰勤著：《中国古代史学史》，河南人民出版社，1980 年 03 月第 1 版，第 18 页。
② 张铁民编著：《孟子解读·离娄》，百花文艺出版社，2007 年 8 月版，第 98 页。
③ 董立章著：《国语译注辨析》，暨南大学出版社，1993 年 05 月第 1 版，第 763 页。

之在行，牢礼不度，敢展谢之'"①。1986年陕西安康县出土了一件青铜史密簋，上有铭文："史密左，率族人、里、白、僰、周伐长必，获百人。"② 记得是齐国在对外的一次战争中，史官"密左"率领联合部队进行战争的情况。齐、晋为邻国，史官随军应为同制。

春秋时期的史官，记事（史）是其重要的也是其最基本的工作之一。《左传》称"夫诸侯之会，其德行礼仪，无国不记"③，史不绝书。《礼记》也有"史载笔，大事书之于策，小事简牍而已"、"动则左史书之，言则右史书之"④等说法。由于晋国史官体系庞大，故晋国史书《乘》也不是某一个史官的杰作，而是史官群体长期的共同参与的结果。

盟书笔锋清丽，其书法犀利简率，提按有致，舒展而有韵律。侯马盟书的书法艺术独具风采，别具一格。盟书文字的时代，晚于甲骨文，与金文时代大体相同。侯马盟书辞文书法是古代先民创造的精美艺术品，是晋文化发展到一定阶段的必然产物，也是中国古代书法艺术中的一枝奇葩。

● **晋都新田**

侯马位于山西省南部、汾河与浍河交汇的三角地带。公元前585年，晋景公以新田"土厚水深，居之不疾，有汾、浍以流其恶，且民从教，十世之利"，将晋国都城迁至新田。至公元前376年，韩、赵、魏三分其地，静公废为庶人，晋国绝祀，共历13公，209年。其间，晋国大展宏图，慑幽并，衔鲁东，吞河南，控河西，雄踞中原，傲视群雄，成就霸业，在新田大地上演绎出一部部波澜壮阔

① 杨伯峻著：《春秋左传注》，中华书局，1990年版，第202页。
② 张懋镕著：《古文字与青铜器论集》，科学出版社，2002年版，第24页。
③ 解维俊主编：《齐都成语》，百花文艺出版社，2006年01月第1版，第202页。
④ 赵伯雄著：《春秋学史》，山东教育出版社，2004年04月第1版，第1页。

的英雄史诗。晋国长期的鼎盛与繁荣，创造了灿烂的新田文明史。

"逝者如斯夫"，昔日辉煌已不复存在，古城新田成为千百年来学者们探讨的重要话题，新田故城到底在哪里？她的布局如何？晋国为何在这里走向分裂？这些问题终于在 20 世纪 50 年代随着侯马晋国都城遗址的发现而渐露端倪。

侯马晋国遗址自 1952 年被发现后，大量的考古调查发掘工作至今未曾间断，对于其规模、结构、文化内容诸方面有了初步的了解。

图73 新田古城

侯马晋国遗址就是我们寻找千年的新田都城（图 73）。

《左传·成公六年》："新田，土厚水深，居之不疾，有汾、浍以流其恶，且民从教，十世之利也。……夏四月丁丑，晋迁于新田。"① 是时为公元前 585 年。

新田在春秋时也称为"绛"。《左传·襄公二十三年》载："四月，栾盈帅曲沃之甲，因魏献子，以昼入绛。"② 栾盈从曲沃到新田企图袭杀晋平公、范宣子等。《史记·晋世家》记："（悼公元年）厉公囚六日死。死十日庚午，智迎公子周来。至绛，刑鸡与大夫盟而立之，是为悼公。"③《左传·定公十三年》："十二月辛未，赵鞅入于绛，盟于公宫。"④ 由此可知，新田为都后被称为"绛"。

侯马盟书中的"宗盟"、"委质"类皆有阻止赵尼及子孙和同党栮氏等"复

① 杨国勇主编：《华夏文明研究：山西上古史新探》，中国社会科学出版社，2002 年 03 月第 1 版，第 258 页。
② 王志平、吴敏霞编著：《左氏兵法浅说》，海潮出版社，1992 年 03 月第 1 版，第 243 页。
③ （汉）司马迁撰，韩兆琦译《史记》，中华书局，2008 年 11 月版，第 850 页。
④ 胡凡、巴新生主编：《中国古代史研读要览》，黑龙江人民出版社，1990 年 09 月第 1 版，第 27 页。

入晋邦之地"，但在"委质"类的"盇章"篇（一五六：20）为"晋邦之中"①。如果前者尚有指晋国全境的可能，至少可知后者确指晋都新田，反过来证明侯马晋国都城遗址即新田之所在。

以数座小城及宫殿台基、盟誓遗迹、祭祀遗迹、铸铜遗址、多处墓地为主要内容的侯马晋国遗址是同期山西境内规模最大、规格最高的一处遗址，它与晋都是相称的。它的确认，廓清了不少前儒先贤把"曲沃古城"（又称"凤城古城"）当做新田的伪误，证实了清乾隆年间曲沃县令张坊的推断②。

目前为止，侯马发现古文化30多处。可以发现，西周以前的遗址多集中分布于汾、浍河旁或侯马北部的"太子滩"南岸，而在侯马晋国都城遗址中心区域，只有东呈王一处新石器时代遗址，这一现象背后蕴藏着十分重要的信息，它与大规模的开垦土地有关。

我们不能用今天的地貌、植被硬套古时，因为新田为都时已进行了有计划的改造和破坏；也不能过高地估计西周以前对土地的开垦、利用情况，春秋初期秦、晋曾迁陆浑之戎于伊川，在当时伊川是"狐狸所居，豺狼所嗥"的恶劣地带。在我看来，对汾、浍之交的新田的大规模开发是西周晚期的事情，甚至更晚。这一方面产生了"新田"这历史久远的地名。

姬周为农业部族，农神后稷是其先祖，晋是周的同姓封国。周代有一套完整

---

① 山西省文物工作委员会编：《侯马盟书》，文物出版社，1976年。又张颔：《侯马盟书丛考续》，《古文字研究》第一辑，中华书局，1980年。

② 张坊《新田征》，《续修曲沃县志》卷三一。其中有："夫韩子曰：不如新田土厚水深，有汾、浍以流其恶。若夫曲沃其去汾水也亦远矣，乌能（疑焉能之误）流其恶耶？必也其在今侯马驿乎？地在二水之交，去曲沃三十余里，土厚水深，背汾面浍，交流其恶，其无疑者一；地去晋平公虒祁宫十里，禾黍高低，为故国离宫，其无疑者二；地去汾水故梁十三里，水柱参差，为游观津梁，其无疑者三；春秋盈夏入于晋，入于曲沃，传齐兵上行，张武军于荧庭，平公蒸于曲沃，警守而下会于梁，道里适便，其无疑者四；水经浍水西南过虒祁宫南，注公在新田，其宫地面背二水，西则两川之交会也，汾水又屈从县西南流注，水经绛县故城北又经虒祁宫北，横水有故梁，盖晋平公之故梁也，其无疑者五……"

的垦田制度。如，《诗经·小雅·采芑》中有："于彼新田，于此菑亩。"[1]《尔雅》中说："田一岁曰菑，二岁曰畬，三岁曰新田"[2]，《礼记·坊记》中也说："二岁曰畬，三岁曰新田。"[3]《通释》中解释："曰菑、曰畬，皆未成田，至三岁始成新田。"[4] 虽有新田为二岁田、三岁田之说，但大多学者认为二岁田说为当。畬田，就是第一年烧杀草木，初始开垦；新田，就是去高垫低，平整土地，尽是依地势扩大每块地的面积，成新田后就可耕种；随着开垦土地的增多，就需要建立新的村落（居民点），它选择地址在一块"新田"上，依习惯人们用旧称呼称这个新的村落，至少延称到晋迁都时。这便是"新田"的由来。

侯马晋国都城遗址出土有丰富的陶、铜、骨、石器，为晋文化研究的重要资料。

**图74 盘口壶**

关于陶器，大多简报中都有发表，个别者也有分期。虽然如此，仍可发现以窄折沿或垂沿、折肩或耸肩的鬲及小口高领罐、盘口壶（图74）、带盖豆、高柄豆、钵、盂、盆（甑）等器物组合为代表的陶器群的确显示出了晋文化的本质与特征。上列器物，发展脉络清晰，变化规律明显。

铜器则比陶器资料多。由于铸铜遗址的发现，晋文化铜器作风已为我们熟知，我们可以把山西其他地区甚至河南、河北一些墓葬中的铜器判定为侯马铸铜遗址制作，也能把过去收集著录的一些地点不明的铜器判定如上。这个时期中特点鲜明的晋国铜器，可径

---

① （宋）叶适著：《习学记言序目》，中华书局，1977年10月第1版，第74页。
② 陈文华著：《论农业考古》，江西教育出版社，1990年07月第1版，第234页。
③ 袁梅：《诗经译注》，齐鲁书社，1985年01月第1版，第469页。
④ 袁梅：《诗经译注》，齐鲁书社，1985年01月第1版，第67页。

直呼之"晋式铜器"。它们造型生动但有失规整，除沿袭过去的铜礼器外，鸟尊、牺人盘（图75）、虎形灶等栩栩如生；除多变的蟠螭、蟠蛇纹外，鸟、兽等动物搏斗、撕咬等透雕风格的纹饰则活灵活现；错金银、嵌镶金银（或铜）及刻镂工艺方兴未艾，以显示宴饮、狩猎、采桑等富贵安乐的场面；即便是小的器物如环、小刀、带钩等也是精巧别致，十分可人。

从侯马晋国都城遗址上看到了考古学上晋文化的特征、风格与地位。"品"字形宫城内宫殿台基位居制高点，宫城内为晋公直接控制区；宫城之东有卿营筑的小城，个别小城内有规模小的宫殿台基，小城均由两个更小的城构成；宫城之南、之东是手工业作坊区，不同性质的手工业作坊分区设置，同一性质的手工业作坊依据产品种类又有地点之别；城中有多处祭祀场所，除"左祖右社"外，还有祭"台骀"及郊祀一类场所①（图76）。

图75　牺人盘　　　　　　　　图76　台骀庙

另外一个具地方特色的是晋都新田当时未筑廓城，这是有其原因的。新田之北、西、南有汾、浍流过，其东有三小城分布，足起廓的作用。晋之卿，都拥有军队与兵权，而晋军又分两部分组成，一是国君直属部队，叫公乘、公行或公族；一是卿大夫的私兵。私兵对外作战要统一编在国家军队中，无疑范氏、中行

---

①　参考田建文：《新田模式·侯马晋国都城遗址研究》，《山西省考古学会论文集》（二），山西人民出版社，1994年版。

氏伐赵时用的定为私兵，所以新田为都时集聚不少兵、将，无有卫戍之虞。反过来晋都新田时，公室衰微，卿大夫专权，有的受制于人，有的自身难保，有的竟被杀死，把手工业作坊、祭祀场所等区域以城墙围圈起来确有困难。这一现象是历史的必然。

晋都新田已突破了过去方块城市的束缚，把宫城独立出来，品字形宫城结构，小城由二城构成，手工业作坊区、祭祀、墓地都有统一安排，晋都新田这些特点可称为"新田模式"，这一模式对它之后的战国时期列国都城产生了巨大的影响。现在了知的就有：河北邯郸"赵王城"[1]、河北平山"三汲古城"（中山国）[2]、河北易县"燕下都"[3]、河南新郑"郑韩古城"[4]、山东临淄"齐故城"[5]、山西夏县"禹王城"（图77）（魏）[6]。其中尤以"赵王城"与新田相近，其宫城均呈"品"字形结构，而其余诸城至少由二城构成。这些城市大

图77 禹王城

[1] 参考侯仁之：《邯郸城址的演变和城市兴衰的地理背景》，《历史地理学的理论与实践》，上海人民出版社，1979年版。邯郸市文物保管所：《河北邯郸地区古遗址调查简报》，《考古》1980年第2期。陈光唐：《赵邯郸故城》，《文物》1981年第12期。河北省文物管理委员会邯郸市文物保管所：《赵都邯郸故城调查报告》，《考古学集刊》（4），中国社会科学出版社，1984年版。

[2] 参考河北省文物研究所：《河北平山三汲古城调查与墓葬发掘》，《考古学集刊》（5），中国社会科学出版社，1987年版。

[3] 参考中国历史博物馆考古组：《燕下都城调查报告》，《考古》1962年第1期。河北省文化局文物工作队：《河北易县燕下都故城勘察和试掘》，《考古学报》1965年第1期。

[4] 河南省博物馆新郑工作站等：《河南新郑郑韩故城的钻探和试掘》，《文物资料丛刊》第3期。

[5] 山东省文物管理处：《山东临淄齐故城试掘简报》，《考古》1961年第6期。群力：《临淄齐故城勘探纪要》，《文物》1972年第5期。

[6] 陶正刚、叶学明：《古魏城和禹王古城调查报告》，《考古》1962年第4、5期合刊。中国科学院考古研究所山西工作队：《山西夏县禹王城调查》，《考古》1963年第9期。

文明的见证

都突出了这样的特点，宫城对国君的保护和廓城对手工业作坊及王陵保护（极少数例外）。这都是受"新田模式"影响的产物，从这点考虑，可视晋都新田为中国城市发展史中的里程碑，它开创了战国一代城市形制的先河。

## ● 晋国瑞玉

我国是世界玉雕艺术产生最早、历时最长的国家之一。古代人们曾"以玉比德"。历代帝王也将它们当做一种财富和权力的象征。

最早的玉雕制品产生于什么时间，一时难有定论。早在新石器时代，我国许多文化区域中都已发现有一定数量的玉石雕刻。其中主要集中在两个大的文化区域内，一是以辽河流域的红山文化为主，另一个是以长江流域的良渚文化为中心。这说明我国先民在金属器产生之前，曾在幅员广阔的地区，找到了一种新的、较石器更为坚硬、制作更为先进的质料用器——玉，玉于是被普遍用于生活及原始宗教。毕竟相对而言，玉器制作较困难，当时生产力低下，不可能大量开采和生产玉器，所以作为生产工具的玉器这时发现尚少。山西也是，在新石器时代发现的玉器非常少，仅以陶寺作为主要代表。

而进入到三代以后，玉文化就丰富起来，目前在山西各先秦遗址中大部分都发现了玉器。尤其是晋国在春秋时期的玉文化更为引人注目。

著名的有"天马—曲村"晋侯墓出土的上千件玉器。其中礼玉器有玉琮、玉璧、玉罍（图78）、玉钺、玉戚、玉戈等；佩饰玉不仅数量最多，制作也最为精美；像生玉如玉人（图79）、龙人、虎、熊、马、牛、羊、鹿、猴、鸟、鹰、鸮、蝉（图80）、螳螂、

**图78　玉罍**

图79 玉人

蚕、蛇、龟、鱼等，题材丰富，品类纷呈，造型生动，意趣盎然。特别引人注目的是墓中出土的玉覆面（图81），在大部分的晋侯及其夫人墓葬中，他们身体的各个部位覆盖着各种精美的玉器：在脸部，把各种小玉器拼成五官的形状，再把它们用丝线缝在一块丝织物上，然后再覆盖到死者的脸上；死者的颈部用的是玉片、玛瑙和绿松石等组成的色彩鲜艳的项链；胸腹部则覆盖有较大的玉璧，在玉璧上还有长度超过20厘米的大玉圭。另外，在胸腹部还有结构非常复杂的组玉佩，有的玉佩（图82）是用数百件小玉件和小玉珠组成的，异常华贵，有的墓主人的背部还压着几件大玉璧，和胸部的玉璧正相对应；更有意思的是，在晋侯墓中还发现了玉琮，按照通常的理解，从这些西周墓葬发现的玉器都应该是西周时期的器物，事实却不尽

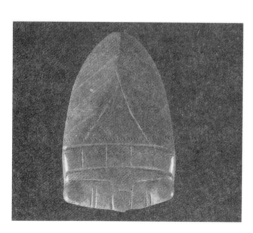

图80 玉蝉

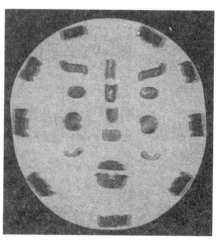

图81 玉覆面

然。这件玉琮，从形状和装饰花纹来看，毫无疑问是一件新石器时代良渚文化的器物，那么，这样一件在时间上差出3000年左右，空间上相隔数千里之遥的器物为什么会出现在晋献侯的墓葬中呢？真正是让人"发思古之幽情，感慨世事之难测"①。

此外，在太原赵卿墓中出土的玉器种类也非常多，有璧、瑗、环、璜（图83）、琮、璋、玦（图84）、珩、佩饰、剑饰等，这些玉器大多为软玉，色泽有淡白或淡黄两种，有的中间夹杂着褐色和黑褐色。少量的玉器质地为蛇纹石，淡灰色间有黑褐、鸡血色斑点，坚硬粗糙、质脆易折②。

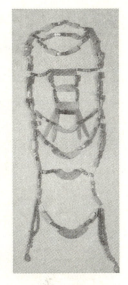

图82 玉佩

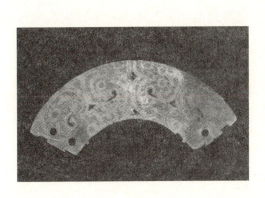

图83 玉璜

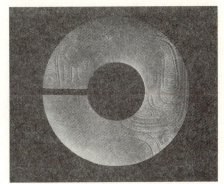

图84 玉玦

赵卿墓中的佩玉中，最典型的是龙形佩饰，这些佩饰有的俯首蹲坐、有的俯首弓身卷尾、有的平视翘尾，纹饰多为卷云纹，而大部分以素面为主。周代有"君子无故，玉不去身"③的讲究，更因为古人义为，人死后同活人一样，只不

① 李伯谦著：《考古探秘》，科学技术文献出版社，1999年10月第1版，第147～150页。
② 李秀媛著：《燕赵悲歌的遗响·图说春秋赵卿墓》，重庆出版社，2006年05月第1版，第99页。
③ 李泽奉、刘如仲主编：《古玉鉴赏与收藏》，吉林科学技术出版社，1994年01月第1版，第10页。

文明之昭明

过是到另外一个地方去生活了，因而活人和死人都要佩玉。

古人认为玉是有灵性的，玉可以通天避邪，保护自己死后身体不朽。这种想法虽然与实际背道而驰，但却因此给后代留下了一大批珍贵的玉器。

图85 玉龙

除"天马—曲村"晋侯墓和赵卿墓出土的玉器比较出名外，侯马西高祭祀遗址中出土的龙玉佩、玉璧、玉环、玉璜等也是世人较重视的。这些玉件色彩美观，淡黄透绿，质地温润，壁面光滑，工艺精道，阴刻线纹流畅，造型拙朴而典雅。尤其是玉龙佩饰（图85）最为典型。每一件玉龙都如同行云一般，变化多姿，很有"云从龙，风从虎"的意思①，是祭祀遗址中最为精美的玉器。玉制的龙通常用来作求雨之用。《说文解字》说："珑，祷旱玉也，为龙文。"②《明皇杂录》说："后大奇之，抚其背曰：'此儿当为太平天子，'遂命取玉龙子以赐，玉龙子，太宗於晋阳官得之，文德皇后常置之衣箱中，虽其广不数寸，而温润精巧，非人间所有。及玄宗即位，每京师少雨，必虔诚祈祷，将有霖注，逼而视之，若奋鳞鬣。开元中，三辅大旱，玄宗复祈祷，而涉旬无雨，帝密投南内之龙池，俄而云物暴起，风雨随作。及幸西蜀，车驾次渭水，将渡，驻跸於水滨，左右侍御或有临流濯弄者，於沙中得之。上闻惊喜，视之泫然流泣，曰：'此吾昔时所宝玉龙子也。'"③从以上资料看，玉龙在古代常常用作祈雨之器。

① 王晓毅、乔文杰著：《岁月遗珠》，山西人民出版社，2006年6月版，第47页。
② 侯兰笙：《义林》，甘肃人民出版社，1997年04月第1版，第21页。
③ （唐）郑处海、裴庭裕撰：《唐宋史料笔记丛刊·明皇杂录·东观奏记》，中华书局，1994年09月第1版，第17页。

纵观侯马西高出土的龙形玉佩，龙首或俯或昂，或回或转，其造型多样，形态各异。器体多扁薄，有的器表以浅浮雕云纹、谷纹、"S"纹交错间置，琢磨圆润。相互错杂的云谷相杂纹，成为春秋晚期典型纹饰风格。而且西高玉龙佩，多为成对出土，造型、纹饰毫无差别，其大多数采用双向对切的方式切割玉料，因此，器表常留有因对切不齐所造成的台阶现象。此法成为春秋后期至西汉片饰玉器的主要成型方式①。

早期的玉佩以单件为主，到了春秋早期，玉佩品种、雕琢工艺都达到成熟时期，有了成组成串的玉佩饰和玉覆面，如晋侯墓中出土的玉覆面。有证据表明玉覆面的起源应在西周中期的共王时代。在一些高等级的西周墓葬中，常见用多件玉石器缝缀在丝织物上并组合成脸部五官的玉覆面，这是西周丧葬用玉的一个重要特征②。

在晋国用玉等级化，玉器成为佩戴者身份地位和权力的象征。晋国是对周礼冲击最大的一个国家，但同时晋国统治者为了维护社会稳定，约束人们的行为，把"德"推出，用"德"来弥补失"礼"所造成的不足，而"玉有德"，这样玉和道德品质就联系起来。玉有六德，对此春秋时期孔子作了明确阐释，他认为玉佩光洁温润是谓"仁"，不易折断，而且断后也不伤人称谓"义"，佩带在身上有机组合，可谓"礼"，行走时互击之声悦耳动听可谓"乐"，玉器瑕不掩瑜，瑜不掩瑕可谓"忠"，每个人都喜欢它可谓"道"，所有的这些都是君子必须具备的品德③。

春秋前期，晋国统治者大量使用玉组佩用来维护社会新秩序，从"天马—曲村"晋侯墓出土的大型多璜组玉佩看，展示了复杂有序的组合和全新的系佩方式，将组玉佩的形制推向了极致。

---

① 唐济川著：《现代艺术设计思潮》，轻工业出版社，2007年7月版，第41页。
② 昭明、利群：《中国古代玉器》，西北大学出版社，1993年11月第1版，第11页。
③ 蒲震元著：《中国艺术意境论》，北京大学出版社，1995年04月第1版，第175页。

春秋晚期以后，晋国玉佩开始趋于平民化，从晋国平民墓中可以看到，这个时期开始普遍使用用石片拼组而成的玉佩，说明玉的德治意义开始进入到晋国各阶层，晋国玉佩的发展，实际上反映了"周礼"在晋国逐渐崩溃的轨迹①。

在神话传说中，食玉成仙，饮玉还童、玉能使人长命百岁，使死人灵魂升天；玉有神兆，能因人而变，因世而观；它的法力无边，能驱凶避邪，惩恶扬善。在一般人眼里，玉又是大地之精，世间无价之宝，得之者大福大贵，如意吉祥。在长达万年的时间里，中国人制玉、用玉，时而顶礼膜拜，奉若神明；时而佩饰于身，视如君子。时至今日，我们仍以异样的眼光去审视它、以敬畏的灵魂去感受它。

## ● 编钟

编钟是我国古代的一种打击乐器，用青铜铸成，它由大小不同的扁圆钟按照音调高低的次序排列起来，悬挂在一个巨大的钟架上，用丁字形的木槌和长形的棒分别敲打铜钟，能发出不同的乐音，因为每个钟的音调不同，按照音谱敲打，就可以演奏出美妙的乐曲。

我国在西周时期就有了编钟②。但那时的编钟发现比较少，春秋末期到战国时期的编钟数目就逐渐增多了，有9枚一组的和13枚一组的③。1978年，湖北随州一座战国时代的曾侯乙墓出土的编钟，是至今为止所发现的成套编钟中最引人注目的一套，这套编钟之大，足以占满一个现代音乐厅的整个舞台④。

编钟不仅是重要的乐器，也是重要的礼器。中国的礼乐制度从原始社会萌芽

---

① 孙庆伟：《两周"佩玉"考》，《文物》1996年第9期。
② 王光祈著：《中国音乐史》，团结出版社，2007年01月第1版，第22页。
③ 罗宏才著：《中国文物古迹集粹》，陕西人民出版社，1989年05月第1版，第74页。
④ 徐有礼、王喜成主编：《影响世界的重大科技发明》，大象出版社，1997年06月第1版，第81页。

到先秦，发展到西周最后确立，成为当时人们的行为规范准则，正所谓"钟鸣鼎食"。西周礼乐制度的确立，把编钟又推到了礼之重器的至高无上的地位。编钟是西周时代祭祀、朝聘、宴享、歌伎的主要和声乐器，尤其适合于伴奏，富有中国古乐的独特风貌。西周时还以此礼乐制度规定名位、等级，是上层社会专用的乐器，是等级和权力的象征①。它是我国乃至世界青铜文化中一枝绚丽夺目的奇葩，可以称得上是中国古代乐器之王。

中国社会发展到周代后，周王为了维护其统治，制定了一套严格的等级制度，这就是"礼"制。但这种等级制度与中国传统文化中朴素的平均主义不相容，因此，为了弥合和缓解等级之间的关系冲突，在"礼"以外又强调"乐"的作用，用"乐"来调和"礼制"造成的紧张关系。如果说"礼"是通过强调"分"来达到维护等级秩序的目的，那么，与"礼"相一致的"乐"则更加注重"和"的功能。因此，礼乐相辅相成，使社会既有秩序，又有和谐，这就是中国传统的等级和谐②。而在晋国，由于对周礼的严重冲击，这个和谐就越显得非常必要，那么，编钟的出现，而且成为重要礼器就不足为奇了。

被誉为"国宝"的编钟古乐器，在山西省出土过多次。其中尤以晋侯苏编钟、赵卿编钟、戎生编钟最为著称。

晋侯苏编钟（图86）出土于"天马—曲村"晋侯墓地，发现于20世纪90年代。这组编钟共16件，其中的14件于1992年由上海博物馆从香港一个古玩肆购回，另外2件后来出土。从这

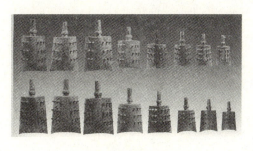

图86　编钟

①　曾遂今著：《消逝的音乐·中国古代乐器鉴思录》，四川教育出版社，1998年07月第1版，第150页。

②　谢岳、程竹汝编著：《法治与德治：现代国家的治理逻辑》，江西人民出版社，2003年09月第1版，第78页。

一套编钟上获得可以连读的铭文 300 余字，被分别刻在每座钟的正面，铭文可以连缀起来，表达完整的叙事。按照铭文中记载，钟的所有者为"苏"，被命名为"晋侯苏钟"。根据器形和铭文判断，这是一套西周厉王时代的编钟，该组编钟大小不一，大的高 52 厘米，小的高 22 厘米，都是甬钟。钟上铭文都是用利器刻凿，刀痕非常明显。

铭文还有对周厉王亲征东夷这段不为人知的史实做了较为详细的记载。它完整地记载了周厉王三十三年（公元前 846 年）正月八日，晋侯苏受命伐夙夷的全过程。整个作战过程都是周厉王亲自下达命令，作战计划、进攻方向等军事部署非常具体，可看出这套编钟是为颂扬厉王亲征东夷的功绩而铸造的[①]，但这一史实未见诸记载。在夏商周断代工程进行中，晋侯苏钟成为周厉王时期的标准青铜器。

太原晋国赵卿墓出随葬编钟（图 87）19 件，编钟大小相次，发音亦自成序列，按其鼓部的纹饰可分为夔龙、夔凤纹和散虺纹两种。从钟体正面看呈梯形，俯视则成合瓦的椭圆状。铸成合瓦形，是为了防止同一件钟上的正鼓与侧鼓发出的声音相混而设计的。每件钟在浇铸之前，就已经确定了它的音列位置，钟腔内唇部比较肥厚，四个侧鼓位置的内侧均有一道凸棱，名为音脊，是用来调节音调的。然而，钟铸好以后，与原设计总有一定的误差，于是铸师在钟的内唇上再人工挫凿一些凹槽，以便再次为钟调音，解决这些误差。经过细致的调音，钟就有了令人惊叹的音质[②]。

中国的编钟类乐器（包括编铙、铎等），自殷商以来就采取了独特的钟体呈

① 以上资料和数字参考：周书灿著：《西周王朝经营四土研究》，2000 年 04 月第 1 版，第 190 页。马承源《晋侯苏编钟》，《上海博物馆馆刊》1996 年 9 月第 7 期。李学勤：《晋侯苏编钟的时、地、人》，《中国文物报》1996 年 12 月 1 日。

② 李秀媛著：《燕赵悲歌的遗响：图说春秋赵卿墓》，重庆出版社，2006 年 05 月第 1 版，第 82 页。

图 87　赵卿墓钟

合瓦状的形制①。在两块瓦的交合处存在着两条交合线，根据对称的原理，这种合瓦形的钟体就存在着两组基本的振动方式，这就使得编钟成为能发出两个基音声的双音乐器。一钟双音，极大地丰富了编钟的音乐宽度。与同期甬钟相比，具有发音绵延悠长的特性，但若数枚钟连续奏击，易造成不同音频相互干扰，出现"混响"，故不适于演奏速度较快的旋律②。

　　早期的编钟，主要用以演奏旋律中的骨干音，以加强节奏，烘托气氛，而不是用来演奏完整的曲调。如《国语·周语》中所说"钟不过以动声"、"金石以动之，丝竹以行之"所说。古代演奏旋律的主体乐器，应是琴瑟笙管类乐器③。所以，考古发现西周中期前的钟类乐器多为三个一组，温县殷铙等即是实证。至西周中晚期，用编钟演奏旋律受到重视，为适应这一需要，首先要扩大编钟的音域，健全编钟的音列，于是出现了"柞钟"，闻喜上郭村编钟即为实证④。春秋及其以后，编钟的旋律性能被进一步强调，加之周室衰微，礼崩乐坏，各国诸侯

①　中国艺术研究院音乐研究所，香港中文大学音乐系编：《音乐文化》，2000 年 12 月版，第 8 页。
②　后德俊著：《光耀东方：楚国的科技成就》，湖北教育出版社，2000 年 03 月第 1 版，第 24 页。
③　宋航著：《古墓》，重庆出版社，2006 年 01 月第 1 版，第 94 页。
④　中国音乐学编辑部编：《中国音乐学》1991 年第 1 期。

文明之昭明

无视周室权威，极力追求规模宏大的成套编钟。从赵卿墓出土的编钟看，编钟的形制比较豪华，尚处于追求宽广的音域、完善的音阶这些适合演奏旋律表层需要阶段，解决"余音混响"的深层需要还未获得重视。当时晋国显赫的赵氏家族，着眼于把编钟作为权力和地位的象征，着眼点不在于作为演奏的乐器。换言之，金胜村赵卿墓出土的编钟在当时礼器功能要超过乐器功能。

图88　戎生编钟

戎生编钟（图88）一组8件，通高51.7～21.1厘米，铸造工艺精湛保存完整；钟体上铸有长篇连读铭文，计153字。戎生编钟的做器者为晋国大臣戎生。该钟与北宋时著录的晋姜（晋文侯的夫人）鼎关系密切，所铸铭文记述了"遣卤积与取金繁汤"——晋国派遣大批车队运输食盐前往繁汤（今安徽省临泉县鲖城镇南。据《左传》杜预注，繁阳在鲖阳南。鲖阳即今鲖城镇）

并取铜料这一历史事件。李学勤先生指出，以往学者曾认为，遣卤积与征繁汤为两件事，其中后者为一次征伐，通过戎生编钟的铭文可知它们其实是一件事。这一史实的考定，对科技史、经济史的研究都很重要①。

戎生编钟是目前发现的时代最早的一组8件青铜编钟。而西周中期前的编钟多一组3件，铭文中关于从"繁汤"（即为当今铜陵）获取铜记述，对探讨铜陵一带古铜矿的开采历史提供了新的实物证据。

戎生编钟所采用的调音锉磨手法，是目前首次见到的编钟调音类型，体现了西周甬钟"挖隧"的调音方法向春秋初期纽钟的调音方法的过渡阶段，具有重

---

① 李学勤：《戎生编钟论释》，《文物》1999年第9期。

文明的见证

大的学术意义①。

在古代，世界各地都有钟，但它们都没有成为乐器，这是因为，这些钟的截面是正圆形的，声音持续时间太长，唯独中国的编钟，它的截面像两片瓦合在一起，因为钟体扁圆，边角有棱，声音的衰减较快，所以能编列成组，作为旋律乐器使用。

青铜是一种合金，主要成分是铜，另外还加了一定比例的锡和铅，各种金属成分所占比重微妙的变化，对钟的声学性能、机械性能有重大的影响。青铜中锡含量的增加，能提高青铜的硬度。但含量过多，青铜就会变脆，不耐敲击。铜中加铅，可降低熔点，增加青铜熔铸时的流动性，还可以减弱因加锡导致的脆性，使所铸的钟耐击经用。但是，含铅量过高，钟的音色又会干涩无韵。山西古代编钟的出土发现，可见春秋战国时期，人们已经对合金成分与乐钟性能的关系有精确的认识，正因为如此，铸出的钟才音色优美，经久耐用。

晋国编钟，工艺精湛，美轮美奂，基本上代表了晋国冶铜技术和艺术水平，显示出晋国作为西周属国的独特文化面貌，是山西进入文明时代的直接物证。

## ● 车马坑

晋国奴隶主死后，一般会将生前乘坐马车和车夫一起殉葬，也就是目前发现的车马坑。车马坑是古代墓葬的一种陪葬坑形式，这种随葬形式始自商代晚期，到西汉晚期退出历史舞台。《论语·先进》曾记载："颜渊死，颜路请子之车以为之椁。子曰：'才不才。亦各言其子也。鲤也死。有棺而无椁。吾不徒行以为之椁。以吾多大夫之后。不可徒行也。'"② 说的是孔子最得意的学生颜渊去世，

---

① 《人民日报海外版》1999 年 7 月 15 日第 3 版。
② 《论语集注（下）》乾隆年版，第 85 页。

颜路请求孔子将其乘坐的车子卖掉，买外棺葬颜渊。孔子不同意说："即使我的儿子死去没有外棺，我也不可能将车卖掉买外棺随葬，因为我作为鲁国的大夫出行是必须乘车的呀！"可见车是贵族身份等级、地位的重要标志，平时乘坐，死后陪葬，以至于在地下可以继续维护贵族至高无上的权利。

随葬车马与贵族等级相对应，随葬车数和驾马数皆有明确的差别，等级构成比较复杂①。

从考古发掘的资料看，晋国的车马殉葬一般情况是墓葬规模越大，随葬车马的数量和比例就越高。典型的如山西的曲沃北赵晋侯墓车马坑和太原赵卿墓车马坑。

1992年在曲沃北赵晋侯墓地发现了迄今面积最大、殉葬车马最多的西周时期的车马坑②。

**图89 晋侯车马坑**

晋侯墓地车马坑（图89）分马坑和车坑两部分。马坑内的驾马排列整齐规则，显然是用某种方法处死后由人摆置而成的殉葬物。车均为木车，由轮、轴、舆、独辀、衡和轭组成。并首次发现战车由数层青铜铠甲片保护，这在国内以往发掘的战车中极为罕见，而且保存状况良好，是目前我国发现保存最完好的西周时期装甲战车③。在车马坑内有驾四马作战用的戎车和驾二马乘坐用的辂车各一辆，出土的有些战车四周则发现有精美的彩绘装饰，鲜艳夺目，华丽的彩绘装饰搭配象征等级身份的青铜车马器

---

① 陕西历史博物馆编：《周文化论集》，1993年07月第1版，第174页。叶骁军著：《中国墓葬发展史》，1994年05月第1版，第60、61页。

② 山西考古研究所编：《山西考古四十年》，山西人民出版社，1994年7月版，第149、150页。

③ 新华网北京10月16日版。

彰显了西周时期晋国贵族生活的奢华①。

1988 年在太原金胜村发现了春秋晚期晋国赵卿墓车马坑（图90）。车马坑的埋葬十分讲究——所有的 16 辆车都是"倒"放着的，车厢着地，车轮悬空。正因为这样与众不同的埋葬方式，使得其得以完整保存下来，人们也有幸亲眼看到了 2500 年前真正的交通

图 90　赵卿墓车马坑

文明之昭明

工具。往细处看，车身的结构关系清楚，木条绑扎痕迹依然清晰，几乎所有车轮都保持了正圆形，车体一些部位甚至还保留有 2500 多年之前的漆皮②。

从所出土的赵卿墓车马和河南洛阳、山东临淄、曲沃晋侯墓地等出土的车马相比，赵卿墓出土的车形态更加完整。车的基本结构是一舆、独辕、一轴和两个轮子。车按大小可分为两种，它们大多属于实用战车，也可能分为辎重车和战车两种不同的用途。其中，圆形舆仅有一辆，位于北边一列车的队首，它形制独特，工艺精致，装饰豪华，使大家有理由相信：它是墓主人的专用座乘，显示出了不同凡响的气派和威仪。这是国内所发现的古代圆形舆车的首例，具有很高的研究价值③。

赵卿墓车马坑还出土有许多车马器，如：軎、辖、衔、当卢、辕首饰等。数量与车马坑中的车马大致相当④。

---

① 吉琨璋、冯峰、常怀颖：《山西曲沃北赵晋侯墓地发掘 1 号车马坑》，中国文物信息网，2006 年 11 月 29 日 2 版。

② 李秀媛著：《燕赵悲歌的遗响：图说春秋赵卿墓》，重庆出版社，2006 年 05 月第 1 版，第 91～93 页。

③ 参考山西省考古研究所，太原市文物管理委员会编：《太原晋国赵卿墓》，文物出版社，1996 年 12 月版。

④ 山西省考古研究所主编：《山西考古四十年》，山西人民出版社，1994 年 7 月版，第 178 页。

享用车马的数量，是贵族身份的标志。据《周礼》所载，从周天子到诸侯国的卿大夫，各等级贵族所使用车马的数量，与青铜礼乐器一样，都有着相当严格的规定。

车的制造，是综合性的工业技术。《周礼·考工记》："故一器而工聚焉者车为多。"是以"考工记"中有车人、轮人、舆人、辀人，均说明车工的细节。"考工记"的记载，未必完全是西周制度，然也可由此说明车制的一般情形。车以曲辀架马，以直辕服牛，轮缏形成碟状的箄。乘车横轸，有较拭可以扶持。牛车直厢，以载重物。车轮木制，以火烤定型，务求其匀称。车身各部的相合，用閷榫、用革、用筋、用漆、用胶。车上的装饰，漆饰、皮包，甚至玉石镶嵌，还须有铜制的配件，轴须有铜害、铜辖，及其他轴饰。衡端有铜矛，轭上有铜銮。驾车的马匹，也有铜制的颊饰、当卢、铜泡等，以革条穿系。络头、辔带、缰绳、鞭策，无不用皮革制作。因此，一车之制作，须动员木工、青铜工、革工、玉工诸项手工业[①]。

车，本是代步工具，是贵族身份的象征，它体现了一个国家的经济实力。但车一诞生，就应用到了战争之中，在中国象棋里，行动最迅速、威力最强大，对全局影响最关键的棋子不是兵或卒，也不是可以远程轰击的炮和威风八面的马，而是可以横冲直撞的"车"。这一点印证了古代军队作战的主要方式是车战，军队的主力是车兵，而衡量一个国家军事实力强弱的标志就是拥有战车的数量，古人曾这样形容国家的大小："百乘之国"、"千乘之国"、"万乘之国"。

庞大的车马坑，众多的车马器，使我们看到了晋国战旗烈烈、战火熊熊、车辚辚、马萧萧的战争场面。车子的发明，是史前时代的一项伟大技术成就，它在人类的文明史上有着极其重要的地位。

---

① 许倬云：《西周史》，生活·读书·新知三联书店，2001年版，第280页。

# ● 鼎

　　5000 年的中华文明史，有一半是由青铜器铸造出来的。鼎是青铜器的最重要器种之一，鼎居铜礼器之首，晋文化的铜礼器的风格，集中体现在铜鼎上（图91）。

　　鼎被视为传国重器、国家和权力的象征，"鼎"字也被赋予"显赫"、"尊贵"、"盛大"等引申意义，如：一言

图91　晋国方鼎

九鼎、大名鼎鼎、鼎盛时期、鼎力相助等。鼎又是旌功记绩的礼器，国家在遇重大庆典或赏赐时都要铸鼎，以记载盛况。这种礼俗至今仍然有一定影响。如为庆贺联合国五十华诞，中华人民共和国于 1995 年 10 月 21 日在联合国总部，向联合国赠送一尊青铜巨鼎——世纪宝鼎。西藏和平解放 50 周年庆典之际，中央政府向西藏自治区赠送"民族团结宝鼎"，矗立于拉萨人民会堂广场，象征民族团结和西藏各项事业鼎盛发展。此举意义深远，文化内涵丰厚。

　　鼎是我国青铜文化的代表，它是文明的见证，也是文化的载体。最初的鼎是由远古时期陶制的食具演变而来的。进入阶级社会后，对铜鼎的拥有和使用，是贵族身份等级差别的标志。随着这种等级、身份、地位标志的逐渐演化，后来，鼎逐渐成为了王权的象征、国家的重宝。《史记·封禅书》记载："（夏）禹收九牧之金（铜）铸九鼎"[①]，从此九鼎成为王权的象征、传国的宝器。"桀有乱德，

---

① （汉）司马迁撰、韩兆琦译：《史记》，中华书局，2008 年 1 月版，第 592 页。

鼎迁于商"①。周灭商，成王又迁九鼎于洛邑（今洛阳）。在周代，有所谓"天子九鼎，诸侯七鼎，卿大夫五鼎，元士三鼎"②等使用数量的规定。春秋时期周定王元年（公元前606年）楚庄王伐陆浑之戎，陈兵于洛邑附近，定王派王孙满前去慰劳，楚庄王乘机探问九鼎的"大小轻重"，遭到了王孙满的有力驳斥："周德虽衰，天命未改，鼎之轻重，未可问也"。这就是历史上有名的"问鼎"故事③。

目前在山西所发掘的晋国墓中几乎都有鼎的出现。基本上分为三大类：镬鼎、升鼎、羞鼎④。镬鼎形体巨大，多无盖，用来煮白牲肉；升鼎也称正鼎，是盛放从镬鼎中取出的熟肉的器具；羞鼎则是盛放佐料的肉羹，与升鼎相配使用，所以也叫"陪鼎"。列鼎制度是以"升鼎"为核心的，

我们以太原赵卿墓出土的青铜鼎为例。

图92　镬鼎

赵卿墓中的镬鼎（图92），高93厘米，口径102厘米，重达220千克。圆口，平折沿，附耳，束颈，深腹，圜底，兽蹄形三足；鼎耳、器腹饰蘷纹和蟠螭纹，颈饰牛头双身蟠螭纹，鼎足跟部是高浮雕的兽面纹；形体硕大，为所见春秋时期最大鼎⑤。镬鼎的问世表现了晋国当时是生产力最发达经济实力最

① 张彦修著：《三门峡虢国文化研究》，中国社会科学出版社，2002年10月第1版，第201页。
② 刘俊田、林松、禹克坤：《四书全译》，贵州人民出版社，1988年02月第1版，第388页。
③ 邹化政著：《先秦儒家哲学新探》，黑龙江人民出版社，1990年05月第1版，第57页。
④ 俞伟超著：《先秦两汉考古学论集》，文物出版社，1985年06月第1版，第63页。
⑤ 参考山西省考古研究所、太原市文物管理委员会编：《太原晋国赵卿墓》，文物出版社，1996年12月。

强盛的诸侯大国。但赵卿墓大镬鼎的出现，同时表明晋国在春秋末期原有的用鼎制度逐步遭到破坏，出现了僭越礼制现象，晋国"政由卿出"的局面已经非常严重。

升鼎（图93），也称为列鼎。与镬鼎相配的首先是升鼎，它是宴享贵宾时，将大镬鼎中煮熟的各种牲肉盛放其中的专用礼器。《仪礼》中有大量对升鼎使用的规定，归纳如下：升鼎制度为奇数制，天子、诸侯用九鼎为最大，卿和上大夫用七鼎，下大夫为五鼎，士为一鼎。一鼎为特豚；三鼎为豚、鱼、腊；五鼎为羊、豕、鱼、腊、肤；七鼎

图93 升鼎

为牛、羊、豕、鱼、腊、肠胃、肤；九鼎为牛、羊、豕、鱼、腊、肠胃、肤、鲜鱼、鲜腊。

赵卿墓出土升鼎18件，分为三组：一组为蟠螭牛首兽带纹附耳铜盖鼎，共7件，形制古朴大方，纹饰相当精美；一组为蟠螭纹敦形鼎，共6件，此类鼎以环代替耳，外形似敦；一组为蟠螭兽带纹鬲鼎，共5件，这组鼎的特点是盖上附有三头卧牛，腹两侧各有一俯首衔环，底呈下档状颇如鬲形。赵卿墓出土的三组升鼎纹饰精美，在已知的春秋成套铜鼎中当名列前茅[1]。

赵简子墓随葬的18件升鼎中，根据牲肉的遗骸进行鉴定，其中可以确认的有牛、猪、羊、鱼，另外还有大雁等野生禽鸟，这种情形表明，赵简子在用鼎数量上，以及在放置的牲品上都是僭礼逾制的。

① 李秀媛著：《燕赵悲歌的遗响：图说春秋赵卿墓》，重庆出版社，2006年05月第1版，第70、71页。

**图 94　羞鼎**

羞鼎（图 94）是指升鼎以外的一种常用鼎。羞鼎之羞，意思为滋味备致。如《说文》："膳，具食也。"《周礼·天官·序官》："膳夫。"郑玄注："膳之言膳也，今时美物曰珍膳。"《礼记·玉藻》："膳于君。"郑玄注："膳，美食也。"《说文》："羞，进献也。"即进献食物。《周礼·天官·庖人》："以共王之膳，与其荐羞之物，及后世子之膳羞。"郑玄注："致滋味乃为羞。"又《膳夫》："膳夫掌王之食饮膳羞。"郑玄注："羞，有滋味者。"[①] 盛放"滋味"的鼎，就叫做羞鼎。

羞鼎又称陪鼎。《左传·昭公五年》"沧有陪鼎"句下孔疏引服虔曰："陪牛、羊、系鼎，故云陪鼎;"杜注："熟食为饪。陪，加也。加鼎所以厚殷勤"，就是这个意思。郑玄注《周礼·天官·膳夫》和《秋官·掌客》，便以"牢鼎"、"正鼎"与"陪鼎"对言；郑玄注《仪礼·聘礼》所说"羞鼎则陪鼎也，以其实言之则曰羞，以其陈言之则曰陪"，讲得非常清楚。

对于羞鼎出现的原因，一般学者认为升鼎所盛肉羹往往淡而无味。《诗·鲁颂·閟宫》记载："羹，大羹、铏羹也。"《周礼·天官·亨人》中也有："祭祀，共大羹、铏羹。宾客亦如之。"之说，郑司农注："大羹，不致五味也。铏羹，加盐菜矣。"铏羹就是放置于羞鼎中的，大羹则放于升鼎。所谓不致五味的大羹，拿今天的话来讲，就是白煮肉，它无疑是起源最古老的一种肉羹。在先秦贵族里，大羹是诸羹之本，使用它，体现着崇尚传统，用郑玄的话来讲，是"乃得交于神明之宜也"，所以在礼仪活动中把它放在首要地位。但这种白煮的肉羹，肯

---

① 宋金兰著：《训诂学新论》，首都师范大学出版社，2001 年 06 月第 1 版，第 220 页。

定很不好吃，即《淮南子》所云"大羹之和，可食而不可嗜也"，对于早已进入到文明时代的先秦贵族来说，平日真正食用的自然是备极滋味的肉羹。于是，在盛放大羹的正鼎而外，就出现了盛放"庶羞"的陪鼎①。

随着晋国奴隶制的衰落，历史上曾经象征王权和用来区分等级的铜鼎，到了春秋末期成了六卿僭越晋侯的标志。

## ● 簋

簋也是重要礼器之一，主要是配合鼎出现的。一般为圆口，圈足，无耳或有两耳、四耳、方座，或带盖的。据《礼记·玉藻》记载和考古发现得知，簋常以偶数组合与鼎相配，如四簋与五鼎相配，六簋与七鼎相配。鼎放牲肉，簋放黍稷。据历史记载，天子九鼎八簋，诸侯七鼎六簋，大夫五鼎四簋，元士三鼎二簋②。

"天马—曲村"晋侯墓中出土的"乍（作）宝彝"青铜簋（图95），系山西西周早期的典范之作。

它敞口束颈，双耳对称，微鼓的腹下是安稳的圈足，耳的正面各有一只怒目暴突的饕餮，吃的意念不言自明；双耳间配置了两个对称的兽头，凶悍之风更为浓烈；兽头两侧，是几组回首顾盼的夔兽，阔嘴短身；腹部正中，则是由

图95　乍宝彝青铜簋

① 俞伟超著：《先秦两汉考古学论集》，文物出版社，1985年06月第1版，第73页。
② 蔡运章著：《甲骨金文与古史新探》，中国社会科学出版社，1996年10月第1版，第49页。

文明之昭明

云雷纹构成的菱形格，点缀其间的乳钉，使这细密的几何纹也充满了勃勃的野性。极具动感的画面，显示出了晋侯的虎虎生气，精湛的铸造技艺又述说着已逝的千年辉煌。而铜簋内壁底面赫然铸出的"乍（作）宝彝"的三字铭文，提醒人们不要忽视晋国上层贵族作为这辉煌拥有者的志得意满和飞扬神采①。

由于文化的延续性，晋国建国初期在装饰青铜器时，还使用商代典型的兽纹——饕餮纹，但商代的饕餮纹以娱神为目的，而晋国初期青铜器上的饕餮纹变得清新，失去了主宰人间、支配命运的历史威力，巫术的色彩大为减弱。纹样不再以娱神和沟通神人、生界与死界的中介为目的，而成为较为纯粹的反映民族性格、时代精神及审美情趣的装饰图案，虽然这些图案不如殷商兽面纹那样具有震撼人心、直指人性本原的历史力量，但他们表现了晋人对某些宗教意识的否定，也是宗教意味减弱的一种显示，也是晋国初期社会意识处于"礼性"阶段的表征。

晋国青铜文化呈现出双重性，一方面被纳入礼制的规范，另一方面又成为反礼制的载体。

**图96　青铜簋**

孔子说："殷因于夏礼，所损益可知矣；周因于殷礼，所损益可知矣。"晋国作为周的姬姓国，对商代的礼制有损有益，有扬有弃。就青铜礼制而言，其扬弃的标准在于是否与晋人的民族性格相一致，是否与晋国的治国根本指导思想相协调。

簋是圆形的，又叫做琏。如果是方形的盛饭器，则叫做簠（图96），文献中又称之为瑚。瑚琏即簠簋，常连用，它们都又同时用于宴享和祭祀，而且数量的

---

① 北京大学赛克勒考古与艺术博物馆馆藏文物介绍。

多少是等级的标志。一般平民不得用，拥有簋者定是高官。因此，簠簋便成了高官的代称，古代官员为政不廉时，"簠簋不饰"婉指其贪。春秋之时，簠簋还指人有大才。有人曾请孔子评价子贡，孔子说：他这个人，简直就是瑚琏（簠簋）呀，就是认为子贡很有大器[1]。

文物能具体反映同时代社会的生活、物质和精神文化，只有了解文物的历史背景，才能深刻地去感受它，认识它的变化，研究文物如果不知道社会背景很难深刻理解它的内涵。

## ● 鸟尊

在青铜礼器中，尊占据着仅次于鼎的重要地位。《周礼·春官·司尊彝》记载古代祭祀礼器中有所谓的"六尊六彝"，"尊"为盛酒、醴用以祭祀的礼器。"彝"为盛郁鬯以裸祭之器的总称，为宗庙之常器。"六尊"是：牺尊、象尊、猪尊（图97）、壶尊、大尊、山尊。"六彝"是：鸡彝、鸟彝、

图97　猪尊

斝彝、黄彝、虎彝、蜼彝[2]。"尊"和"彝"都属礼器之地位较高者，也是一种辨别尊卑的重要礼器，从使用者的数量、花纹图案、大小、型制都有严格规定，不能逾越，以显示尊贵者的优越与贫贱者的低下。这套规定在《礼记·礼器》中有详细说明，所谓"有以多为贵者"，"有以少为贵者"，"有以大为贵者"，

---

① 李春祥编著：《饮食器具考》，知识产权出版社，2006年1月，第86页。
② 徐湖平主编、徐艺乙编著：《中国历代青铜器精品100件赏析》，山东科技出版社，1996年01月第1版，第35页。

"有以小为贵者"，"有以高为贵者"，"有以下为贵者"，"有以文为贵者"，"有以素为贵者"，就是要突出尊卑贵贱的等级秩序，"先王之制礼也，不可多也，不可寡也，唯其称也"①。这个"称"就是要符合有秩序的要求，这样，礼仪制度成为一种固定模式，规定着人的思想观念、行为举止，从上至下任何人也逃不脱它的束缚，礼制最大限度地实现了维护社会秩序、规范人们言行的目的。

图98　晋侯作向太室宝尊彝

2000年出土于"天马—曲村"晋侯墓地的"晋侯作向太室宝尊彝"鸟尊（图98），见证了晋国第一代晋侯——燮父的开辟鸿蒙、初露霸气的辉煌功业，也是晋国在西周时期格守周礼的见证。这件鸟尊高39厘米，整件器物以昂然直立的大鸟回眸为主体造型，大鸟头部微微上昂，双眼圆睁，高冠直立，体形丰满，从鸟冠观之，好似一只美丽斑斓的野雉，从带钩的锋利喙部和脚爪看去，又显然是一只猛禽的形象，从"头小体肥"的整体造型看去，又融合了很明显的家禽形象于其中，这其实本就是艺术家将各种鸟类形象荟萃一身的精彩发明，而更为令人拍案叫绝的是，大鸟的双翅上卷，变形成象耳，尾部下弯，变形成象鼻，象眼象嘴俱在，活灵活现。鸟，尤其是猛禽形象，是晋国的图腾崇拜，而象，则体现了一种王权和力量，象征着晋国国君的尊贵，鸟与象，这两种西周时期最流行的肖形装饰，完美组合于此尊，使之成为中国青铜艺术中罕见的珍品。鸟尊背上覆一小盖，盖内刻有铭义"晋侯作向大室宝尊彝"，表明了这是晋国宗庙祭祀时所使用的重要礼器。鸟尊造型写实、生动，构思奇特、巧妙，装饰精致、豪华，是一件罕见的艺术珍品②。

① 彭亚非著：《先秦审美观念研究》，语文出版社，1996年06月第1版，第52页。
② 《文物故事：晋侯鸟尊》，《太原日报》2008年5月26日。

"天马—曲村"晋侯墓是西周时的墓，西周和商代相近，因而在西周青铜器装饰上有一些商代痕迹，因此，由各种禽兽形象构成的器物造型具有神秘、严峻的感情色彩。从考古发掘资料看，西周时期的晋国青铜鸟尊一般是将鸟与兽组合在同一件器物上。"晋侯作向大室宝尊彝"鸟尊就属于这一类，它不但装饰华丽，而且形制诡异，把平面的纹饰和立体的雕塑结合起来，把器皿和动物的形状结合起来，并用出色的分铸法铸成。充分体现了西周晋国青铜器动物雕塑所取得的杰出成就。

而太原晋国晚期赵卿鸟尊（图99），却和"天马—曲村"的鸟尊有所区别。这只鸟尊的造型，是一只昂首挺立、羽毛丰满的鸷鸟，长33厘米，高25.3厘米。鸷鸟脑后有高耸的冠，一双豆眼圆睁，尖喙微微下勾，伸颈瞠目，双足直立，前肢扑地，呈张口怒吼状。高浮雕制作的鸟头、双翅，周身遍饰鳞纹绒毛与羽毛纹，错

**图99　赵卿鸟尊**

落有致，栩栩如生，大有呼之欲飞之势。鸟尾下的小巧的虎形支脚，可使鸟尊盛满酒时平衡稳定。鸟的一双利爪紧紧地抓住地面，把鸷鸟凶猛的特性展现得淋漓尽致。鸟的背上附一虎形捉手，虎弓身伏首，头紧贴鸟颈上，前爪紧抓鸟颈，后爪牢牢地攀住鸟背。虎后肢下面引出一条铰链与捉手之下的椭圆形尊盖相连。鸟喙的设计也很有意思，下部固定，上部可自由启动，往下倾斜鸟喙张开，酒即流出，复位之后，鸟喙随即闭合，构思之妙，可谓巧夺天工。为了保证鸟尊能稳固地站立，在鸟尾之下附一虎形支脚，小虎昂首飘牙，前足撑地，后足及尾部紧贴鸟的下腹，形体虽小巧玲珑，神态却凶猛异常，真是一幅活脱脱的猛虎下山图。盖鸟尊盖的设计极为巧妙，椭圆形盖的边沿上宽下窄，尊口与之对应，加盖之

后，盖能与尊口牢牢卡住，盖与器身衔接之严密，真可谓天衣无缝①。让人不得不赞叹其工艺之精湛。这件晋国晚期的礼器，堪称中国青铜艺术宝库中的稀世珍品。

赵卿墓是春秋末期时的事，春秋战国时期，青铜器所包含的政治、宗教、社会意义已与商代和西周初期大相径庭了。花样不断翻新的各种鸟兽青铜器此刻主要已不是供奉于神鬼祖先的礼器，而是贵族钟鸣鼎食生活中的点缀品了。它摆脱了礼制观念的约束，在艺术上也得到了比较自由的表现，其所追求的是形体的真实和生动的情趣。

**图 100　立鸟壶**

鸟是西周时期晋国的图腾，是连接人与天神的神物。周人把鸟比作凤，他们认为，鸟（凤）的鸣叫和出现是一种吉兆。《诗经·大雅》中有："凤凰于飞，翙翙其羽，亦傅于天"，"凤凰鸣矣，于彼高岗，梧桐生矣，于彼朝阳"②。的说法。以鸟为主题是晋国青铜器装饰和器型铸造的风尚。"天马—曲村"晋侯墓地还出土了另外几个鸟形器，其中一个为方座筒形器，器盖上以一立鸟为饰，另一出土的一圆壶盖顶亦有一只立鸟（图 100），还有一盉盖顶也以立鸟为饰。而同时期与之相毗邻的虢国墓地出土的同类器物上，则无一以立鸟为饰，其他地区也罕见以鸟为主题的青铜器③。

① 李秀媛：《燕赵悲歌的遗响：图说春秋赵卿墓》，重庆出版社，2006 年 05 月第 1 版，第 75 页。
② 徐昌义编著：《中国古代青铜器鉴赏》，四川大学出版社，1998 年 04 月第 1 版，第 160 页。
③ 参考山西省考古研究所、北京大学考古学系：《天马—曲村遗址北赵晋侯墓地第四次发掘》，《文物》1994 年第 8 期。

## ● 手工业

晋国的手工业是指在山西侯马牛村发现的手工业制造遗址，这个遗址中有大面积的青铜、骨器、陶器等手工业作坊的发现。

### 1. 铸铜作坊

牛村铸铜遗址面积达 3000 平方米（见插图 53），陶范出土最多，总数达 3 万余块，其中 1 万多块陶范的表面刻有各种装饰纹样。有 1000 余块陶范尚可辨认器形，成组配套又能复原器形的有 100 余套，包括鼎、豆、壶、鉴、舟、敦、匕、匙、铲、斧、锛、刀、剑、镞、钟、镜、带钩、货币、车马饰。可知这个作坊当时铸造的青铜器有礼器、乐器、工具、兵器、车马器、装饰品和货币等。这里铸造的货币——空首布，耸肩尖足，形体较大，比较原始，是迄今已知中国最早的金属铸币。特别是遗址中的一个椭圆形穴内，曾发现两堆完整的铜，共 110 块，重 191 市斤。显然，作坊内储存着一部分铸好备用的铜，是为了保证生产有计划地进行，它反映了诸侯国手工业生状况①。

陶范上雕刻的装饰纹样有夔龙、夔凤（图 101）、饕餮、人物（图 102）、禽鸟、兽（图 103）等，内容相当丰富，其中以夔龙纹最为盛行。这里所见的夔龙、蟠螭纹为别处少见，尤具特色。几件人物形象的陶范尚能看出男女性别的不同。他们

图 101　凤纹模

① 山西省考古研究所主编：《山西考古四十年》，山西人民出版社，1994 年 7 月版，第 157 页。

图 102　人形陶范　　　　　　　　　图 103　兽头陶范

都身着短褐、右衽无领、中腰束带。男性或免冠赤足，或披发着鞋，右腰佩剑。女性或头戴月牙形帽，或束发高髻，发上蒙以帕帻，束以发箍，前额突出一个小髻。这些人物多双手上举，推测原是铸造铜器器足的铸范①。

从陶范出土的情况推知，当时在铸铜手工业内部也有了较细的分工，使人们对东周时期的铸造工艺有了较全面的认识。

关于中国古代的铸造技术，文献记载甚少。因此，早期对铸造技术的研究，只能以铜器表面的铸缝等为线索，从一般的铸造原理进行推断。侯马铸铜遗址的发现，揭示了东周时期青铜器的铸造技术及其工艺水平，把中国冶金史研究向前推进了一大步。出土物证明，东周时代铸造青铜器时，要经过塑模、翻范、烘烤、合范、浇铸这样一个完整的过程。当时用于制作模、范和范芯等的材料主要是黏土和砂，且都是取自当地。母范有的手制，有的模制。装饰纹样或在模上雕刻；或在范上加工；有的用分块母范翻制。范制成以后不仅要阴干，还要入窑烘烤，以排除范中的水分并使之定形，防止浇铸时爆裂。窑中烘烤陶范的窑温可达800℃左右，烤干后的陶范往往趁热浇铸。

---

① 张颔：《侯马东周遗址铸铜陶范花纹所见》，《文物》1961 年第 10 期。

从出土的陶范可知，当时铸造斧、戈、镞及货币等形制简单的铜器时，用的是单范或合范，而且一范可使用多次。礼器、乐器等比较复杂的器形则用复合范铸造，为了保证铸件的质量，外范之间的接合处都有数量不等的楔形榫卯，并且精巧地设置浇口、冒口。青铜铸件有的用浑铸法一次铸成；有的则用分铸法将器身与附件分开铸造；或先铸器身，在铸附件时与器身铸接一起，或

**图 104　钟鼓模**

先铸附件，再在浇铸器身时将附件按设计位置嵌于主范之上而铸接一起。分铸法在商代已经出现，但这时运用的更加熟练，铸造出不少造型别致、形体高大、壁薄而匀的新器形（图 104）。另外，装饰纹样也一改商代和西周时期呆滞的风格，而表现出清新的特色①。

春秋时期，晋国霸业局面形成，由于社会生产的发展和人们对青铜器具的需求量增大，当时铸造的青铜器品种增多，青铜制品涉及社会生活的各个方面。侯马铸铜遗址面积大，内涵丰富，不同产品在不同的区域内铸造，从一个侧面反映了春秋时期晋国社会经济状况。

### 2. 石圭作坊

石圭作坊中大量发现石片、石料、刀具、磨具及圭残段等石圭生产遗物，石料以青灰色为主，多有两面对应锯割痕迹，刀具系砂岩制成，磨石由砂岩制成共

① 张万钟：《侯马东周陶范的造型工艺》，《文物》1962 年第 4、5 期。山西省文管会侯马工作站：《1959 年侯马"牛村古城"南东周遗址发掘简报》，《文物》1960 年第 8、9 期。

166 件，其中成方形者 90 件，中间均被磨的下凹，有沟槽，石圭多尖首状。据认为石圭制作有选料、整料、制坯、定型四道工序①。

圭源于原始时代的石斧②。石斧是先人最重要的生产工具和狩猎武器，对原始人类的生存和发展产生过巨大的作用。进入阶级社会后，虽然金属工具得以大量使用，但祖先留下的珍贵文化遗产并没有让世人抛弃，相反的，石斧随着时代的发展而产生了本质上的演变，在神权政治的作用之下，石斧的形态便渐渐移向了专门的礼器造型——石圭，而它的用途从谋生工具转向了礼器。有时从遗址中发掘物看，石圭和石斧的形状不差上下，这就是两者同源的原因。一般来说，上半部较厚，底边部位较薄，且差距较大的是斧；上下厚薄基本均匀，犹如一个玉制的长板条者，就是石圭。总而言之，圭是一种在古代一定的观念形态作用下产生的特种礼器。发展到春秋末期时的晋国还成为书写文字的简策，如侯马盟书中大量使用的就是石圭，其中也不乏有玉圭。

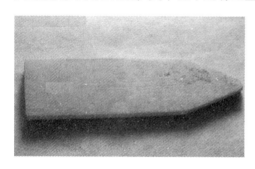

图 105　石圭

晋国石圭，以尖首长条形为多，圭身素面，圭身宽窄大小不一（图 105）。山西侯马盟誓遗址所出的盟书均书写于不规则的石圭上。石圭一般呈灰黑色，盟书之所以用石圭一个重要的原因是盟书埋在地下，如果用木圭、铁圭或者是铜圭，一个是书写不方便，另一个是不易保存。而且石圭来源容易，制作方便，成本低，书写易，成为这个时期盟书的主要载体。

① 山西省考古研究所主编：《山西考古四十年》，山西人民出版社，1994 年 7 月版，第 159 页。

② 古方著：《天地之灵·中国古玉漫谈》，四川教育出版社，1996 年 10 月第 1 版，第 94 页。

### 3. 制陶作坊

牛村陶器作坊中发现的陶器有两类，一类是生活日常用陶：豆、盆、钵、杯、罐等；另一类是建筑用陶——瓦，出土了大量的筒瓦（图106）、板瓦（图107），还有瓦的干坯①。

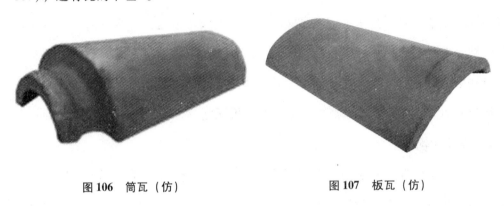

图106　筒瓦（仿）　　　　　　　　　图107　板瓦（仿）

春秋时陶器仍然是人们生活中使用的主要用器。著名的"破釜沉舟"中的釜就是指陶釜，"破釜沉舟"发生在秦朝末年，说明秦时陶制生活用具还被大量使用，春秋时就更不用说了。但从牛村所发掘的陶器种类和数量看，要远远少于商、周前先祖们生活中所使用的陶器种类和数量，说明青铜器、瓷器和铁器已经介入到人们生活中。瓷器在这时发现的比较少，理论上讲，瓷器相对于陶器要优越得多，而瓷器早在夏、商时就出现了，直到东汉时才成熟，说明东周时的瓷器无论是在技术上还是实用上都没有达到社会的需求。

这个时期出现的建筑用陶反而是建筑技术上一个重大进步，陶制地砖、屋瓦、水管和井圈等的使用，不但发掘了新的建筑材料，改进了建筑构造，延长了使用时间，还改善和美化了人们的生活。

---

① 山西省考古研究所主编：《山西考古四十年》，山西人民出版社，1994年7月版，第159页。

瓦是一项解决屋顶防水防雨的重要技术，是用陶土烧制而成的一种屋顶构件。古人从穴居往地上转移的时候，房屋的顶部是茅草铺设，顶尖而且坡度很大，一般屋面不漏水，唯一漏水的地方就是房脊，所以古人就设想烧制一种陶瓦把中间的缝盖上，使两坡成为一体。

有关瓦的起源，尽管在一些古文献记载中有始于夏桀的古史传说，如《古史考》："夏世，昆吾氏作屋瓦。"《博物志》："桀汉，作瓦。"《本草纲目》乌古瓦集解："李时珍曰：夏桀始以泥坯烧作瓦。"但是，根据考古发掘的商代建筑遗址均未发现陶瓦，目前已知的最早陶瓦实物，出现在西周早期的宫殿遗址，是一种仅有四分之一弧度的弧形瓦，无筒瓦、板瓦之分。到西周中期开始出现了筒瓦、板瓦和瓦当①。

关于屋瓦的制作与种类，《天工开物·瓦部》有这样一段记载："凡埏泥造瓦，掘地两尺余，择取无沙粘土而为之。百里之内必产合用土色，供人居室之用。凡民居瓦，形皆四合分片。先以圆桶为模骨，外画四条界，调践熟泥，叠成高长方条。然后用铁线弦弓，线上空三分，以尺限定，向泥坯平戛一片，似揭纸而起，周包圆捅之上。待其稍干，脱模而出，自然裂为四片。凡瓦大小，苦无定式。大者纵横八九寸，小者缩十之三。室宇合沟中，则必需其最大者，名曰沟瓦，能承受淫雨不溢漏也。"②

从现代砖瓦匠对瓦的制作技术上也可窥见古代对瓦的制作。这项技术虽然从西周到现在已经过了 3000 年，但对于制瓦工序而言并不需要改良，所见和《天工开物》相同。当时瓦的制作是先制成圆筒形的陶坯，然后剖开坯筒，入窑烧造，四剖或六剖为板瓦，对剖为筒瓦。故"瓦解"一词即源于此。西周时期，已出现板瓦、筒瓦、"人"字形断面的脊瓦、圆柱形瓦钉和瓦当，并且在瓦当的

———————————

① 陈鹤岁著：《汉字中的古代建筑》，百花文艺出版社，2005 年 01 月第 1 版，第 176 页。
② （明）宋应星著：《天工开物》，中华书局，1978 年 5 月版，第 181 页。

表面雕刻各种各样的纹饰①。

当瓦没有出现以前，人们的居住场所往往受到风雨的侵犯，建筑所用主要依赖土木、沙石、竹草等天然材料，瓦的发明，标志着我国古代建筑对材料的运用进入到一个新历程，标志着西周在建筑上的突出成就，标志着我国传统民族的木构建筑基本形制的确立。显示出我国古代陶质材料生产达到了一定的工艺水平，并且具有浓厚的东方民族特色。而晋国牛村建筑用陶加工厂的出现，也说明了山西古代建筑自古辉煌确实有着渊源关系。

### 4. 骨器作坊

牛村骨器作坊以兽骨、鹿角为原料，采用切、凿、琢、磨等技术，制作水平极高。出土的铜刀、铜锯、铜钻也正是治骨工具②。

骨器在晋国同样是人们生活中重要的器具，小到装饰用的发笄，箭上的箭镞，大到耕田用的骨铲，可以说生活处处见骨器，骨器并没有随着铜器、铁器的出现而消失。骨器所具有的天然的光滑、坚韧的品质也许就是磨制石器出现的直接原因（图108、图109）。

山西所发现的骨器早在180万年前的西侯度文化中就出现了，其后的旧石器中期许家窑文化、旧石器晚期峙峪文化中也有骨器出现。进入到新石器时代后骨

图108　骨锥

图109　带孔骨器

①　程有为著：《河洛文化概论》，河南人民出版社，2007年10月版，第394页。
②　山西省考古研究所主编：《山西考古四十年》，山西人民出版社，1994年7月版，第159页。

器在山西各处的遗址中大部分都有出土。到了阶级社会，骨器再不被大量使用，然而骨器所具有的天然饰物性质却没有改变，一直到现在，骨器也成为我们生活中常见的器具之一。

制造骨器的过程：第一步选取骨材，大致以新鲜骨为主；第二步是按适用的部位锯割，例如以肩胛骨截去肩臼作为制铲的材料；第三步削锉成形；第四步在砺石上打磨光滑。如果是细致的工业品，还须加上雕镂工作甚至镶嵌松绿石，以增加美观。由出土废料及半成品看，同类骨材的切割面很相似，可见经过分工后，由同一批工人操作，工作的过程大约也循一定规则达到相同的标准。骨器作坊有分工化及专业化的现象①。

从牛村发现的这些手工业作坊工场，有专业分工。说明了晋国内部贵族与百工的共生互倚，也证明了周代官制中的"百工"②制度，所指者即为管理这些各种各类的生产事业。而且在晋国实行的是严格的"工商食官"制度，工匠们被高度集中起来，刺激了晋国工商业的发展。在社会生产力相对低下的时候，由政府出面组织大规模的生产和经营，对于创造社会价值，发展生产力，促进技术手段的进步，都有着重大的意义。

自晋国建都新田以后继续称霸100多年看，军事力量、国家实力是所有诸侯国不可相比的。那么，是什么东西支撑着它的大国地位，一个重要原因就是拥有一流先进的手工业，为物质生产和军事战争提供了先进的工具和装备。

新田时期的青铜作坊，陶器的作坊，骨器作坊，圭器作坊等，综合为我们勾

---

① 许倬云著：《西周史》，生活·读书·新知三联书店，2001年版，第281页。
② "百工"是中国古代主管营建、制造的工官名称。《考工记·总序》："国有六职，百工与居一焉。……审曲面势，以饬五材，以辨民器，谓之百工。"郑玄注："百工，司空事官之属……司空掌营城郭、建都邑、立社稷宗庙、造宫室车服器械。"西周铜器令彝、伊簋铭文及《尚书·康诰》都有百工一词，意指从事各种手工业的工奴，有的兼指管理工奴的工官。春秋战国之际，工商食官的格局已渐打破，出现了私人手工业者，故《论语·子张》中有"百工居肆，以成其事"，表明百工已成手工业者的通称。

勒出晋都新田时期的工业文明。这是与霸国地位相当的工业文明，应当说是先秦历史上绝无仅有的工业文明。

## ● 铁铧犁

铁器的出现最早可以追溯到商代，灵石县旌介村附近的商墓中，出土了一件满身铁锈的剑，考古学家认定这是最早的人工冶铁的遗物。春秋时期，晋国使用铁器的范围已经非常广泛，像常用的铲、刀、镢、斧、镰、锄、犁等农具被大量应用于农业生产。

1956 年考古工作者在山西侯马市北西庄春秋遗址中出土铁残犁铧 13 件，"说明早在春秋时期铁已被应用于晋国农业生产方面"[①]（图 110）。

学者们认为，中国产生铁制工具是和冶炼青铜时用的鼓风器有关，铁的熔点高，需要高温炉，而鼓风器越多，风力也越大，有助于提高冶铁炉温度，还

**图 110　铁铧犁（复制）**

可使冶铁炉的容量增大，熔化冶炼铸造的铁器也就增多。由于鼓风设备有了进步，中国在公元前 7 至前 6 世纪发明了冶铸生铁的技术，使中国在春秋中叶后就较普遍地使用了铸铁。欧洲由于迟迟解决不了鼓风问题，铸铁的发明和使用就大大落后于中国[②]。鼓风设备的进步，能生产大量铸铁铸造器物，促进了铁器的普遍使用。

① 畅文斋、张守中、杨富斗：《侯马北西庄东周遗址的清理》，《文物》1959 年第 6 期，第 43 页。
② 杨生民著：《中国春秋战国经济史》，人民出版社，1994 年 1 月第 1 版，第 6 页。

人类物质生产有三个重要的领域：一是材料领域，二是能量领域，三是信息领域。现代的任何物质产品都在不同程度上凝结着这三个领域中的劳动成果。所以我们也可以把它们称之为物质文明的三大要素。在生产工具发展史上，可以明显地看到人类在这三个领域中所做的努力。晋国古代铁犁铧的出现，是生产工具在材料领域中的一次重大进步，说明人们靠物质材料形式的变换，延长了人的劳动器官，物化了人的肢体功能①。

在先秦时期，铜器是比较发达的，但是为何铜没有被用于农业中呢？铜在当时是珍贵的，首先要用来铸造武器、礼器和用器，即满足贵族统治者的需要，从事农业生产的平民当然就没有条件作为农具使用了②。而且目前从考古资料看，商周时期的贵族墓中罕见铁制器具，更谈不上使用铁制农具了。一个重要原因是冶铁技术和对铁的认识还没有达到一定的高度。青铜农具也有，但大多数青铜农具是出土于贵族墓葬中的，青铜农具作为随葬品，葬于并不实际使用它的贵族的墓中，是葬制的需要，抑或统治者"籍田"时的象征物，尚需进一步研究，但不是用于农业生产则是显然的。商周时期，青铜器皿多为礼器、兵器、车马器、乐器等。这与处在青铜时代的世界各国都普遍缺乏青铜农具的情况非常相似③。

春秋时期，随着铁农具和牛耕的推广，个体家庭方具有独立耕作能力，于是集体耕作为个体家庭的独立耕作所代替。铁制农具的使用，标志我国由青铜时代进步到铁器时代，铁制工具的普及，使社会生产力显著提高，社会生产力的发展促成生产关系的变革。

---

① 齐振海著：《中国当代哲学问题研究》，中共中央党校出版社，1995 年 12 月第 1 版，第152 页。

② 参见陈梦家《殷虚卜辞综述》，科学出版社，1956 年版，第 549 页。陈文华：《关于夏商西周春秋时期的青铜农具问题》，《农业考古》2002 年第 3 期。

③ 陈文华：《试论我国农具史上的几个问题》，《考古学报》1981 年第 4 期。赵世超：《殷周大量使用青铜农具质疑》，《农业考古》1983 年第 2 期。白云翔：《殷代西周是否大量使用青铜农具的考古学观察》，《农业考古》1985 年第 1 期。

中国是世界上最早发明生铁冶炼技术的国家。迄今发现的年代最早的人工冶铁制品是河南三门峡虢国大墓中出土的铜柄铁剑①。山西发现的古代铁制品集中在晋南。除上述侯马发现的铁铧犁外，"天马—曲村"晋文化遗址中还发现了一件铁片、一件铁条和两件铁器残片。时代定为春秋早期到春秋中期偏晚。两件铁器残片是白口生铁，是目前发现的最早的铸铁器残片，铁条是块炼铁②。

农具铁犁铧的出现，使原始的石具锄耕农业逐渐为铁具犁耕农业所代替，犁耕农业使农业生产日益专门化。因此，在适于发展农业的地区，农业成为主要的经济活动。而春秋战国时期，农业的发展取决于铁制农具的供应程度，冶铁手工业的发展，农具的普遍使用，给农业经济的发展提供了物质前提。犁耕农业的推广，要求有更多的铁来满足铁农具的制造，这样反而促进了工业的发展。

---

① 《中国文物报》1990 年 1 月 26 日版。
② 韩汝玢：《中国早期铁器的金相学研究》，《文物》1998 年第 2 期。

# 后　　记

民族的才是世界的，同理，地方的也是人类的。写这本书的目的是为了用山西的文物反映山西乃至中国文明的一个发展历程，让世界了解中国，让中国地方文化走向世界。山西古文明就是中国古文明的一个缩影，从中国最早的180万年前的西侯度文化，丁村文化、峙峪文化、枣园文化、陶寺文化、东下冯文化（考古学上称为"二里头文化东下冯类型"）、以"天马—曲村"晋侯墓、太原赵卿墓、侯马晋都新田遗址等为代表的晋文化，无一不是中国古文明的重要内容。从撰写思路上有两条线索：一个是从时间上走，从旧石器时代早期、中期、晚期，再到新时间时代早期、中期、晚期，直到先秦前的晋文化结束；另一个是从文物内容上走，把每一个时期重要的、典型的文物呈现出来。时间是线，每个时期的文物为点，虽然我尽力作到点与线的结合，但由于自己学识有限不免有时处理不当，而且在撰写这本书的初期，想把山西文明历程的内容从旧石器时代早期到清朝末期都反映出来，然而学力不够，精力有限，这本书只能写到先秦前的战国结束，秦以后到清末只待来日。

在撰写过程中，得到了《中国博物馆》杂志社闫向东社长、山西省考古研究所田建文教授、山西省晋学研究中心张有智教授、清华大学张焕君博士后、古典文明研究所徐跃勤教授的大力指导和支持，在此一并衷心感谢。

同时也感谢学兄鞠振先生以及我的妻子王彩霞和女儿畅雨桐，是他们在我撰写此书过程中给了我极大的支持和帮助。

书中图片由田建文教授提供，由于自己学识水平有限，其中不足与纰漏难免，恳请学界同仁和读者批评指正。

畅海桦

2010 年 3 月 15 日

后

记